JACQUES BOUCHÉ

GALLET

ET LE CAVEAU

1698-1757

TOME PREMIER

ÉPERNAY

TYPOGRAPHIE DES ÉDITEURS BONNEDAME ET FILS

M. DCCC. LXXXIII

GALLET

TIRÉ A :

1.000 exemplaires sur papier vergé anglais :
100 exemplaires sur papier de Chine ;
2 exemplaires sur peau de vélin.

GALLET

ET LE CAVEAU

1698-1757

TOME PREMIER

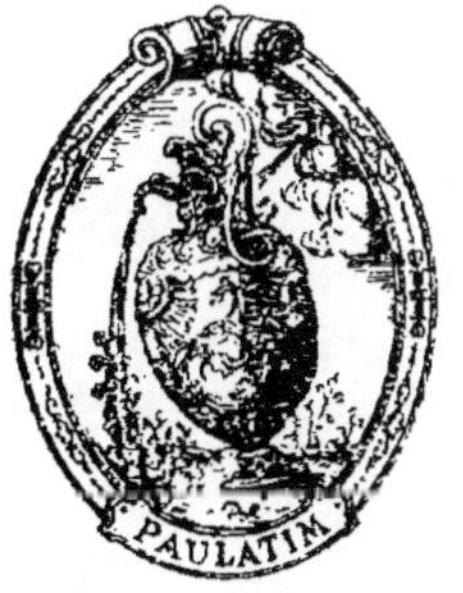

ÉPERNAY

TYPOGRAPHIE DES ÉDITEURS BONNEDAME ET FILS

M.DCCC.LXXXIII

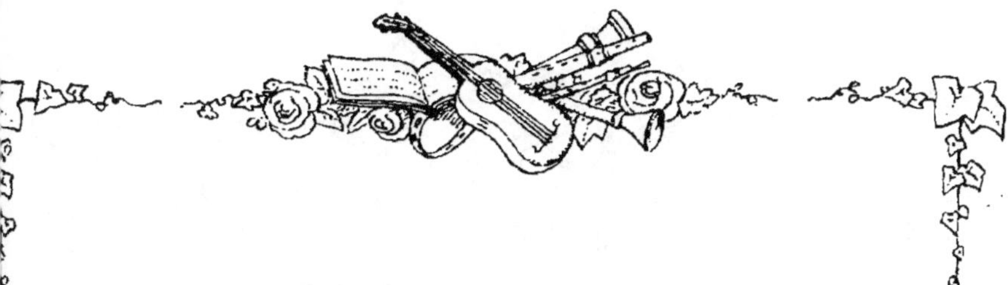

A JACQUES BOUCHÉ

Mareuil-sur-Ay.

MON CHER JACQUES,

Tu aimais trop les livres pour ne pas en faire un.

Tu as la double passion du livre, celle de Voltaire et celle de l'imprimeur Chevillé, le besoin d'expansion des idées et le luxe du volume qui les renferme.

« O dieux et déesses, s'écriait le vieux Che-
« villé, quoi de plus rare et de plus charmant
« que la contemplation d'un beau livre imprimé
« en bons caractères gros et menus, avec une
« bonne encre indestructible ? Ici le rouge se
« mêle agréablement au noir ; le grec, le grec

« *du roi, est net et bien formé, facile à lire ;*
« *on voit du premier coup d'œil tout ce bel*
« *ensemble en cinq ou six colonnes d'impres-*
« *sion : des lignes droites, pas de confusion,*
« *un grand ordre, une clarté souveraine. Il*
« *n'y a pas de tableau du plus grand maître*
« *qui soit plus agréable aux yeux de l'hon-*
« *nête homme et du savant parfait. Honte et*
« *malheur à qui se lasserait de regarder un*
« *pareil livre, imprimé sur papier vélin ou sur*
« *grand papier !* »

*La passion de Chevillé fut aussi la passion
de Montaigne, et elle a été, depuis, celle d'une
élite éprise des lettres, amoureuse jusqu'à l'en-
fantillage des beaux volumes et des belles édi-
tions.*

*Un homme admirable, Jacques, fut cet an-
glais qui possédait trois cent soixante-cinq exemplaires d'Horace, afin d'en prendre un nouveau
chaque jour de l'année. Lorsqu'il se sentit vieil-
lir, il fit imprimer son Horace sur de grands lés*

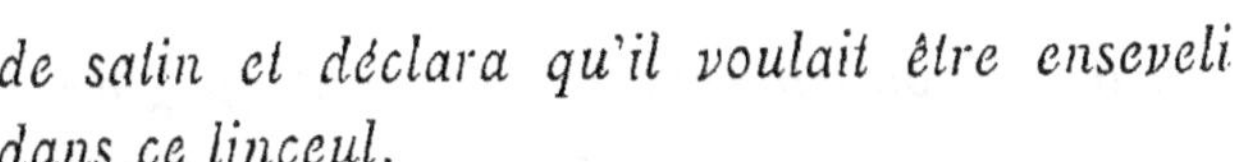

*de satin et déclara qu'il voulait être enseveli
dans ce linceul.*

*Ton livre nous présente Gallet et nous ra-
conte la fondation du Caveau. Il existe des
familles d'esprit ; tu as cru retrouver la tienne
dans ce groupe de philosophes, de poètes, d'ar-
tistes, de chansonniers, amis des plaisirs intelli-
gents et des gais repas.*

*A Rome, Horace, Tibulle, Properce, Ovide,
se donnaient rendez-vous chez le cabaretier
Coranus pour boire du vin de Falerne, vanter
leurs maîtresses et se réciter leurs vers.*

En France, l'hôtellerie de la Pomme-de-Pin,
*illustrée par Villon et Rabelais, réunissait, au
début du* XVIIe *siècle, toute une pléiade de
poètes :* les Théophile, les Bergeron, les Des-
barreaux, les Colletet, *etc.*

Colletet a précédé ton Gallet, mon cher ami.

*« Bien souvent, dit Urbain Chevreau, nous
« allions manger chez* M. Colletet, *à condition
« que chacun y ferait porter son pain, son plat,*

« avec deux bouteilles de vin de Champagne
« ou de Bourgogne ; et, par ce moyen, nous
« n'étions pas à charge à notre hôte. Il ne
« fournissait qu'une vieille table de pierre, sur
« laquelle Ronsard, Jodelle, Belleau, Baïf,
« Amadis Jamyn avaient fait, en leur temps,
« d'assez bons repas, et, comme le présent nous
« occupait seul, l'avenir et le passé n'y entraient
« jamais en ligne de compte. Claudine, avec
« quelques vers qu'elle chantait, y choquait du
« verre avec le premier qu'elle entreprenait, et
« son cher époux, M. Colletet, nous récitait,
« dans les intermèdes du repas, ou quelque
« sonnet de sa façon ou quelque fragment de
« nos vieux poètes que l'on ne trouve point dans
« leurs livres. »

Un peu plus tard, rue du Pas-de-la-Mule,
à la Fosse-aux-Lions, chez la Coiffier, un
autre groupe de gentilshommes de la plume et
de l'épée, buveurs, hâbleurs, bons compagnons,
formèrent une sorte de franc-maçonnerie litté-

raire. C'étaient Saint-Amand, Foret, Dar-
court, maître Adam, « le Virgile au rabot. »

Tels sont les ancêtres du Caveau dont tu
nous montres les débuts dans l'arrière-boutique
de ton ami l'épicier Gallet et dans le cabaret de
Landel, au carrefour de Buci. Grâce à toi,
nous passons une heure en plein XVIIIe siècle,
avec Panard, Piron, Collé, Crébillon fils,
Duclos, Boucher, Helvétius, Rameau, je ne
parle que des plus célèbres. Mais tu nous les
fais tous connaître, et, si tu ne nous les fais pas
tous aimer, tu nous fais aimer du moins le Caveau, cette institution du passé qui a sur l'Académie française et la corporation des avocats,
demeurées debout comme elle, l'avantage souverain de la liberté. Les membres du Caveau
ne font pas de visites; ils n'ont pas de bâton-
nier; aucune tyrannie ne pèse sur eux. Non.
Ils dînent une fois par mois sous la présidence
d'un des leurs, qui agite un grelot à manche
d'ébène, placé à sa droite, et boit dans le verre
de Panard, placé à sa gauche. Au dessert, cha-

cun dit sa chanson. Dans le nombre il y en a
de bonnes, de moins bonnes et d'ennuyeuses.
On applaudit les unes, on est indulgent pour
les autres, on les écoute toutes. Une fois par
an, des mots sont donnés à chaque membre qui
doit composer une demi-douzaine de couplets
sur cette inspiration forcée. La séance suivante,
au lieu de se tenir au café Corrazza, au Palais-
Royal, se tient dans quelque restaurant popu-
laire de la banlieue.

Tels sont les simples usages du Caveau. Sa
tradition est demeurée la gaieté. Que si elle est
quelquefois absente, il faut s'en prendre au
temps, jamais à la bonne volonté des vaudevil-
listes, des clercs et des bourgeois qui composent
la réunion.

Béranger nous a laissé le récit de sa réception :

« En 1813, il existait une réunion de chan-
« sonniers et de littérateurs qui avaient pris le
« nom de Caveau, en mémoire du Caveau

« *illustré par Piron, Panard, Collé, Gallet et*
« *Crébillon. Désaugiers, à la mort du vieux*
« *Laujon, avait été appelé à présider cette so-*
« *ciété, dont les chants contrastaient alors si*
« *singulièrement avec les malheurs dont la*
« *France était menacée. Je n'ai jamais eu de*
« *goût pour les associations littéraires, et l'idée*
« *ne devait pas me venir de moi-même de faire*
« *partie de l'une d'elles.*

« *Désaugiers eut occasion de voir mes cou-*
« *plets, chercha à me connaître, et je ne pus*
« *résister aux instances qu'il me fit d'accepter*
« *de dîner au moins une fois au Caveau avec*
« *tous ses collègues que je ne connaissais que*
« *de nom. Je m'y rendis au jour fixé et j'y*
« *chantai beaucoup de chansons. Chacun pa-*
« *rut surpris que, si riche en productions de ce*
« *genre, je n'eusse jamais pensé à les publier.*
« *— Il faut qu'il soit des nôtres !* » *fut le cri de*
« *tous. Pour obéir au réglement qui défend de*
« *nommer un candidat présent, on me fit cacher*
« *derrière la porte, un biscuit et un verre de*

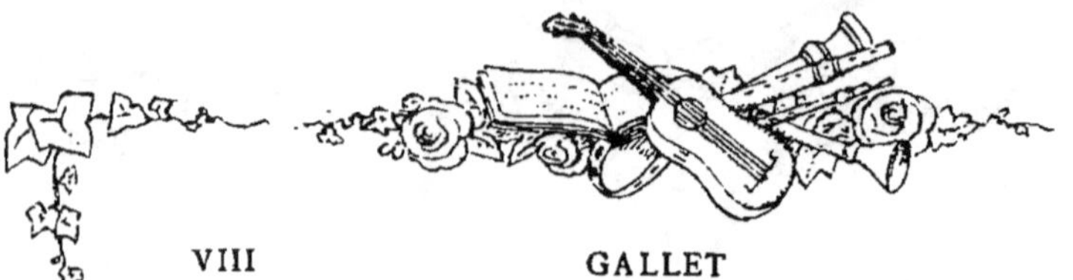

« *champagne à la main. J'y improvisai quel-*
« *ques couplets de remerciements pour mon*
« *élection faite à l'unanimité, au bruit de*
« *joyeuses rasades, et confirmée par une acco-*
« *lade générale.* »

Les membres les plus connus de la période
contemporaine du Caveau sont un poète, Mail-
let de la Chesneraye, un clerc d'avoué, Louis
Protat, un journaliste, Ch. Vincent, trois vau-
devillistes, Clairville, Flan et Eugène Grangé.
En 1866, au mois de mai, le Caveau reçut
Jules Janin que l'Académie avait repoussé.
Clairville présidait. Il agita la marotte d'ébène
et chanta :

> *Viens, suis la trace*
> *D'Anacréon,*
> *Toi, dont le nom*
> *Déjà rappelle Horace.*
> *L'esprit, la grâce*
> *Ont de nouveau*
> *Marqué ta place*
> *En tête du Caveau.*

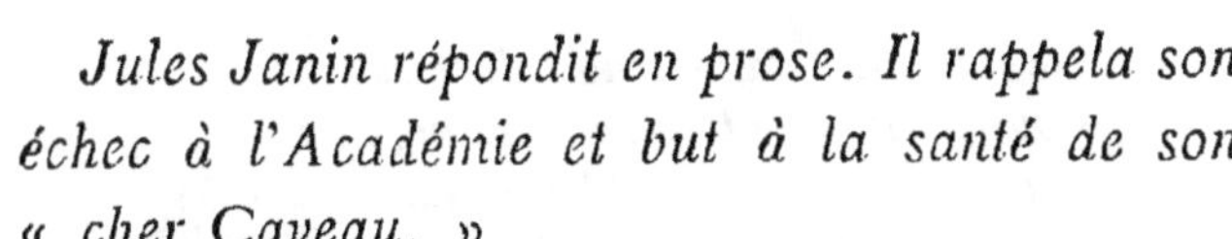

Jules Janin répondit en prose. Il rappela son échec à l'Académie et but à la santé de son « cher Caveau. »

Mon cher Jacques, j'ai connu Benjamin Antier.

C'est lui qui a fait le Tournoi :

> *Réveille-toi, saisis ta lance ;*
> *Au combat cours, jeune héros.*
> *Ton beau coursier déjà s'élance ;*
> *Le clairon frappe les échos.*
> *Dispute et ravis la couronne*
> *Dans ce brillant tournoi du jour ;*
> *Et la Victoire qui la donne*
> *Y joindra le myrte d'amour !*

C'est encore lui qui a fait le couplet de facture de l'Auberge des Adrets. Robert Macaire et Bertrand s'adressaient au public de la première représentation :

> *Nous sommes pincés ; quoiqu'on fasse,*
> *Faudra subir un jugement.*
> *Mais il est un recours en grâce*
> *Qu'ici j'implore en ce moment.*

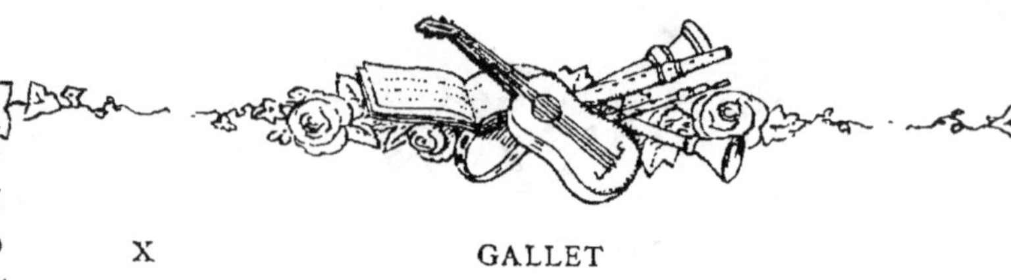

> *Oh! daignez calmer nos alarmes ;*
> *Pour nous, montrez-vous indulgents.*
> *Tuer les mouchards et les gendarmes* } bis.
> *Ça n'empêche pas les sentiments.*

Tu crois, mon cher ami, avoir soupé avec Gallet et Piron ; moi j'ai dîné avec Benjamin Antier.

Il y a de cela vingt ans, mais il me semble que mon souvenir est d'hier. J'avais fait un article sur un livre de la comtesse Dash. Elle voulut me remercier et tout de suite trouva le remerciement le plus délicat en m'invitant. à dîner, le jour de sa fête, avec sa famille et ses amis.

Le lieu de la scène était un petit ermitage au fond des Batignolles. La modestie du mobilier était relevée par une profusion de plantes vertes et de fleurs.

Je revois la table et les convives : la maîtresse de la maison d'abord, grasse, blanche, vêtue d'une douillette de soie comme une douairière de la Restauration ; vieille, elle s'était rappelé

comment s'habillaient les vieilles dans sa jeunesse, et, les ayant trouvées charmantes, elle
leur ressemblait. Une parente pauvre, jeune
fille à l'air bon et aimable, se tenait près d'elle.
Un gentilhomme à cheveux blancs, dont je regrette de ne pas me rappeler le nom, était assis
à côté d'une dame qui avait mis du rouge.

M. Jules Barbey d'Aurévilly, ce jeune homme des galeries de bois qu'on retrouve avec
admiration dans la galerie d'Orléans, était là
en cravatte de soie bleu de ciel garnie d'une
magnifique dentelle blanche ; puis, allant et venant, parlant et riant haut, un homme énorme,
le baron Brisse, qui avait apporté des poissons
de la Halle et collaboré avec la cuisinière.

Le dîner était abondant, avec toute sorte de
cadeaux de vin, et tout le monde mangeait de
bon appétit. De temps en temps, M. Barbey
d'Aurévilly tirait une petite glace de sa poche,
y mirait les poils de sa moustache et les cils de
ses paupières sur lesquels il passait coquette-
ment un doigt. Vers le milieu du repas, il de-

manda à Benjamin Antier de chanter le Coup
du milieu, d'Armand Gouffé.

Benjamin Antier se leva. Un peu gros, très-
vieux, tout-à-fait chauve, il montrait une face
rasée, monacale, souriante, la face de Sainte-
Beuve avec un caractère bon enfant. Il chanta :

> Nos bons aïeux aimaient à boire :
> Que pouvons-nous faire de mieux?
> Versez ! Versez ! Je me fais gloire
> De ressembler à mes aïeux !
> Entre le chablis que j'honore
> Et l'aï dont je fais mon dieu,
> Savez-vous ce que j'aime encore?
> C'est le petit coup du milieu.

Les convives se regardaient ravis.

Benjamin Antier continua. Il soulignait fine-
ment le vers du refrain et prononçait Amour
avec un grand A. Sa voix s'enflait et prenait
une intonation solennelle pour dire : « Bacchus,
Momus ou Cupidon ». C'était admirable.

Au dessert, chacun fut tenu de dire quelque
chose, et j'entends encore Madame Dash don-

ner la parole à M. Barbey d'Aurévilly :
« — A vous, Giulio ! » 1830 succédait à 1815.
Les vers de Giulio étaient pleins de baisers et
d'échevèlements.

En les écoutant, je subissais un charme. Les
Byron des frontispices enveloppés de leurs man-
teaux, les Corinne debout sur des caps passaient
devant moi. Le jeune Lamartine, les cheveux
bouclés, serait entré le manuscrit des Médita-
tions à la main, pour demander à Benjamin
Antier de le recevoir du Caveau que je n'aurais
pas été surpris. L'illusion était telle que le gros
Brisse lui-même ne détonnait pas trop.

C'est Lamartine pourtant qui, dans un accès
de misanthropie, a osé dire : « Le rire est im-
pie. » Le rire, arme du bon sens mise au service de la vérité ! Le rire, créateur de l'épopée,
de la comédie, de la fable, du conte, de la
chanson, de tout ce qu'il y a de plus original et
de plus charmant chez nous ! Le rire, éclatant
chez Rabelais, naturel chez Molière, ironique
chez Voltaire, bonhomme chez La Fontaine et

Béranger, toujours inspirateur de chefs-d'œuvre ! Mais renier le rire ce serait renier les lettres et le génie français !

> *Oh ! qui nous le rendra, ce rire des aïeux,*
> *Qui jaillissait du cœur comme un flot de vin vieux !*

C'est un poète aussi qui a jeté ce cri. Musset sans doute avait vu, dans un rêve heureux, toute une assemblée de bonnes gens. Petits bourgeois, ouvriers, paysans, la condition n'importe guère, tous se réjouissaient de compagnie. Ils avaient bien travaillé ; ils se sentaient la conscience nette, l'estomac libre, et ils demandaient aux piots non l'ivresse où se noie le chagrin, mais l'expansion d'où part la gaieté ; et leur rire, écho de paix et de santé, s'élargissait, emportant tous les soucis dans son éclat.

Nous connaissons des gens qui tirent les cordons de sonnettes et qui se sauvent ensuite à toutes jambes. Nous en connaissons aussi qui décrochent les enseignes pour les déplacer. Il y en a encore qui prennent la casquette d'un ga-

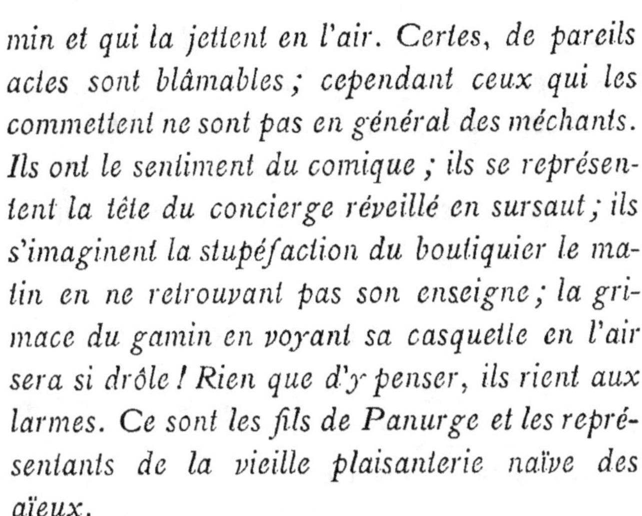

min et qui la jettent en l'air. Certes, de pareils actes sont blâmables ; cependant ceux qui les commettent ne sont pas en général des méchants. Ils ont le sentiment du comique ; ils se représentent la tête du concierge réveillé en sursaut ; ils s'imaginent la stupéfaction du boutiquier le matin en ne retrouvant pas son enseigne ; la grimace du gamin en voyant sa casquette en l'air sera si drôle ! Rien que d'y penser, ils rient aux larmes. Ce sont les fils de Panurge et les représentants de la vieille plaisanterie naïve des aïeux.

En fils de vignerons, mon cher Jacques, toi de Champagne et moi de Bourgogne, nous tenons pour le vin contre la bière et le cidre, et pour le rire contre la bile noire et l'atonie. Nous tenons pour le rire parce qu'il console et nous y tenons parce qu'il châtie. Aristophane implique Athènes, et le rire vit de liberté.

Que ton livre, consacré aux buveurs du XVIIIe siècle et aux chansons de nos pères, édité par le Chevillé d'Epernay, nous enlève

---

pour un instant à l'indécision, au doute, aux angoisses politiques, à la mélancolie des époques de transition, et il aura fait son œuvre. C'est ce succès que je lui souhaite, heureux de cette occasion qui m'est donnée d'affirmer par écrit mon amitié pour toi.

TONY RÉVILLON.

Sceaux, 10 Septembre 1883.

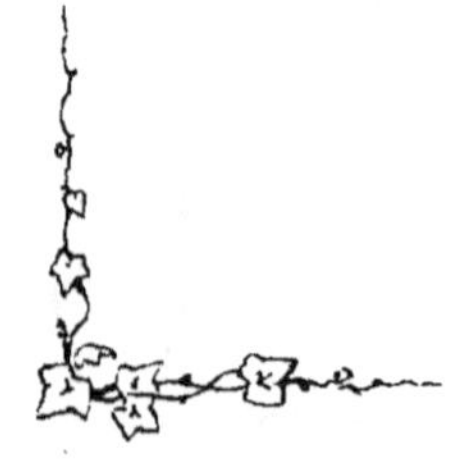

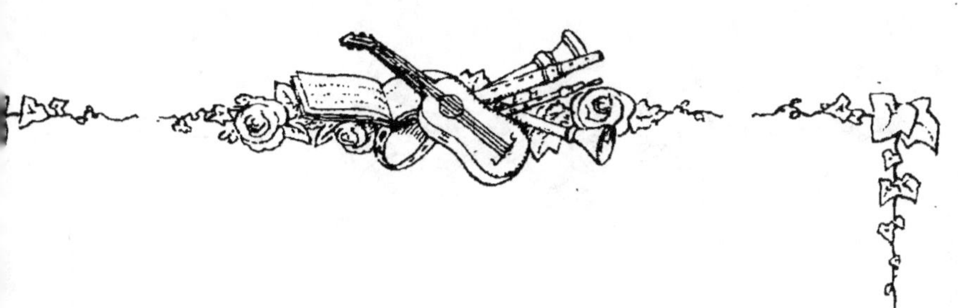

GALLET

ET LE CAVEAU

1698-1757

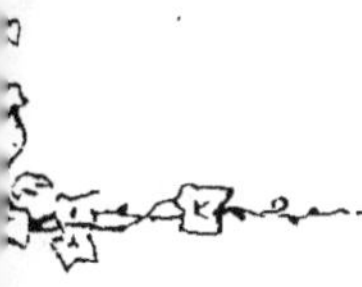

I

M. Collé, qui portait l'épée, et qui est bien, malgré sa réputation de bonhomie et de bienveillance, l'esprit le plus jaloux et le plus ingrat du XVIIIe siècle, a écrit, à la page 332 du premier volume de ses mémoires, les lignes que voici :

« Gallet est pourtant mon maître en chan-
« sons ; c'est sous lui que j'ai appris à en
« faire. »

En 1813, Béranger disait, dans sa biogra-
phie :

« Beaucoup de mes refrains égrillards cou-
« raient le monde. Ils avaient d'autant plus de
« succès qu'ils se rapprochaient davantage des
« chansons de Collé. »

Il serait trop hardi, sans doute, de déduire
de cette double citation que nous devons un
peu du génie de Béranger à l'existence de
Gallet ; mais il serait injuste de nier aussi
l'heureuse influence de ce brave et bon enfant
sur la destinée de la Chanson.

Gallet est inconnu, alors que d'autres, qui
valent moins que lui, ont rempli les gazettes
de cette époque, où la réclame commençait à
jouer un si grand rôle, de leur prétentieuse et
inutile personnalité.

C'est que c'était un insouciant compère,
rimant quand la rime venait le chercher et
sans qu'il fît un pas pour l'atteindre, et dépen-
sant sa vie sans compter ; généreux à l'excès
avec ses amis, qui ne le lui rendaient guère,
n'intriguant pas parce qu'il ne savait pas ce
que c'était, et ne songeant pas à l'avenir parce

qu'il ne se doutait pas qu'il y eût autre chose que le présent.

Il aimait à boire parce que le vin le faisait rire et chanter, et était naïf et sensible, comme tous les buveurs. Il chantait la nature, dont il n'avait pas l'idée, ne sortant de Paris que deux ou trois fois l'an pour faire, en compagnie de Fuselier et de Panard, une partie de campagne, et n'ayant jamais entr'aperçu les moissons et les arbres qu'à travers le brouillard du piqueton. C'est égal, il s'était forgé une nature à son goût, comme il l'eût fabriquée s'il avait été Dieu le père : ses acteurs sont toujours les mêmes, c'est Tircis et Chloë, Colin et Lisette, les garçons entreprenants, les fillettes pas bégueules, et le bon père Gallet était absolument persuadé que les moutons avaient des rubans au cou, et les bergères des jupons propres.

Il ne reste de lui pas une ligne manuscrite ; il ne resterait peut-être même aucune trace de sa vie, si les amis qui l'avaient aidé à se ruiner, en vidant sa cave et sa bourse, n'eussent pris soin de répandre sur lui les plus injurieuses calomnies ; sort commun à toutes les franches et loyales natures, qui alignent mieux les rimes que les chiffres.

Il naquit, non pas comme le disent certains biographes, à la pointe Saint-Eustache, non pas rue des Lombards, comme l'indique Marmontel ; mais bien rue de la Truanderie, dans une boutique d'épicier droguiste, dont les minces revenus faisaient vivre ses ancêtres depuis de nombreuses années. L'époque de sa naissance a donné lieu aussi à de nombreuses controverses : je puis la fixer, cependant, d'une manière presque certaine, au mois d'octobre 1698.

On sait peu de ses premières années : il vécut en gamin de Paris, courant les rues quand il pouvait échapper à la surveillance paternelle, faisant semblant de travailler quand il ne pouvait faire autrement, rimaillant un couplet qui faisait fortune aussitôt né, buvant avec les truands et les garde-françaises, quand il était parvenu à escroquer un écu dans la maigre caisse de la boutique.

Rebelle à toute étude et à tout travail, il n'avait tiré de l'école où, par acquis de conscience, son père l'avait envoyé croupir, qu'une

orthographe incertaine et un besoin d'indépendance, dont le premier résultat avait été de coupleter insolemment la grammaire.

Tout le quartier aimait et choyait ce polisson, plein d'esprit et de cœur, et quand son père mourut, vers 1720, quand il fut à la tête d'un commerce qui cadrait si peu avec ses instincts de poète vagabond, sa maison se remplit des amis qu'il avait ébauchés au cabaret, et dans tous les lieux où l'on chantait en buvant.

Les plus connus, ceux qui devinrent de suite les familiers du logis, furent Piron, qui avait alors une trentaine d'années, et venait d'arriver à Paris, où il luttait avec passion contre la misère ; Monsieur Collé, un galopin de vingt ans, fort poseur, qui volait à Gallet ses refrains en se faisant nourrir ; et le jeune Crébillon, grand noceur, qui ne savait rien gagner, et avait bien du mal, soit à faire des dettes, soit à arracher un sou à son père, ce qui était encore plus difficile.

Moins assidu, mais toujours avidement recueilli par ce bruyant quatuor, était l'excellent Panard, qui comptait alors près de cinquante automnes ; Panard, nature droite et ennemie de toute spéculation sur l'amitié, voyait avec peine Gallet faire seul les frais de toutes les fêtes joyeuses, et une délicate pensée l'en éloignait, quelque pressante sollicitation qu'on lui fît. Aussi, fut-il le compagnon fidèle du malheur, alors que les amis du plaisir avaient fui.

Il y avait table ouverte chaque soir, et quand, par hasard, on ne dînait pas chez ce brave Mécène des bohèmes, c'est qu'on était invité en ville. Ici, je ne puis résister au plaisir de servir, comme un morceau friand, le récit que fait en style imagé et naïf, Rigoley de Juvigny, d'une escapade de ces joyeux compagnons.

II

La scène se passe à la fin de mars 1731. On
était allé dîner chez une dame, belle autrefois,
mais qui, n'ayant plus d'autre rôle à jouer dans
le monde que celui de dévote ou de bel esprit,
avait choisi ce dernier comme plus amusant.

Piron, Gallet et M. Collé s'étaient fait
attendre ; on se mit à table plus tard qu'à
l'ordinaire, et avec un plus grand appétit. Tout
annonçait la présence du plaisir, et tout invi-

tait à s'y livrer sans contrainte. La gaieté s'empara des convives dès le premier service. La chère était délicate et fine ; les vins excellents, de toute espèce. L'hôtesse, qui avait réellement de l'esprit, faisait les honneurs du repas, avec des grâces qui ajoutaient encore à ses attentions ; et ses yeux semblaient reprendre leur empire par mille propos aimables qu'ils inspiraient. Jamais Piron ne fut plus brillant, plus varié, plus fertile en bons mots. C'étaient des éclairs continus, entremêlés de joyeux couplets et des impromptus de Gallet et de M. Collé, qui s'attaquaient et se répondaient alternativement. Pour intermède, un champagne mousseux et frais pétillait dans les verres, remplis aussitôt que sablés, faisait oublier l'heure et ranimait à chaque instant le plaisir et la joie.

La nuit était déjà fort avancée, et l'on ne songeait pas encore à sortir de table. Enfin, on se lève et l'on se sépare, en se faisant les plus tendres adieux, avec promesse de renouveler souvent cette joyeuse orgie. Les trois amis sortirent ensemble ; quand ils furent au coin de la rue de Harlay, sur le quai des Orfèvres,

Piron, voulant congédier ses deux compagnons. s'arrête tout à coup, et leur montre le chemin qu'ils doivent prendre pour gagner le quartier Saint-Eustache, où ils logeaient, et se dispose à aller seul dans le faubourg Saint-Germain, où il demeurait.

Loin d'y consentir, Gallet et M. Collé s'obstinent à ne le point quitter, et veulent le reconduire malgré lui. Grand débat des plus comiques, de part et d'autre ; ils lui représentent tous les dangers auxquels il s'expose, lui racontent mille histoires de voleurs, cherchent à l'intimider, lui rappellent l'heure qu'il est, lui font remarquer la profonde obscurité de la nuit ; vaines représentations : il persiste, sous divers prétextes, à s'en aller seul. Il leur donne surtout pour raison qu'il a dans la tête une pièce de vers qu'il veut composer en chemin. Nouvelles instances de la part des deux amis :

— Songe donc, mon cher Piron, lui dirent-ils avec une effusion de cœur que le vin rendait encore plus tendre, songe donc que tu as un habit de velours tout neuf ; qu'au premier coin de rue, le premier voleur qui te rencontrera, trompé par l'apparence, en te voyant si bien

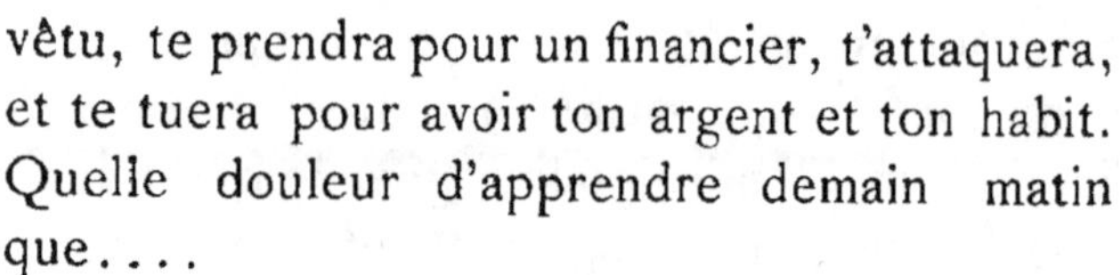

vêtu, te prendra pour un financier, t'attaquera, et te tuera pour avoir ton argent et ton habit. Quelle douleur d'apprendre demain matin que....

— Ah, messieurs, interrompit brusquement Piron, c'était mon habit que vouliez reconduire ! Que ne le disiez-vous plus tôt ? Tenez, le voilà : quand les voleurs me verront en chemise, ils ne m'attaqueront plus.

En un clin d'œil, l'habit est à bas, tombe aux pieds de Gallet et de M. Collé, et Piron part comme un éclair.

Après un instant de surprise, ils ramassent l'habit, se mettent à courir après Piron, lui disant qu'il va s'enrhumer ; mais le temps qu'ils avaient perdu à s'étonner, Piron l'avait employé à gagner le bout du quai. Il revenait même sur ses pas, escorté d'une escouade de guet, qui, voyant un homme en chemise courant à toutes jambes, l'avait interrogé, et, sur ses réponses, le crut effectivement dépouillé par des voleurs.

L'escouade en fut convaincue dans l'instant même, à la rencontre de deux hommes courant avec un habit qu'ils emportaient. On les entoure : on demande à Piron si ce ne sont pas là les voleurs qui l'ont dépouillé.

— Oui, répondit-il.

Aussitôt, on reprend l'habit, qu'on lui rend, et l'on arrête Gallet et M. Collé. Gallet, auquel une nuit passée au Châtelet pouvait faire grand tort dans son commerce, ne se souciait point de suivre l'aventure jusqu'au bout : il veut expliquer le fait ; mais la garde est sourde et lui dit de marcher. Il résiste : on lui présente les menottes ; cette offre lui fit prendre son parti : il marcha. Quant à M. Collé, le guet lui ayant demandé son épée, il la remit entre les mains de l'officier, avec la même fierté, et en prononçant les mêmes paroles que le comte d'Essex, dans la tragédie, lorsqu'il remet la sienne. Aussitôt, on les conduit chez le commissaire.

Piron, en pleine liberté, marchait à la tête de l'escouade, à côté du sergent, qu'il questionnait comiquement en chemin sur le sort des deux voleurs, et le sergent lui répondait très-sérieusement : ils seront pendus, s'il ne leur arrive pas pis. Cependant, voyant qu'il était temps de ne pas pousser plus loin l'aventure,

Piron voulut changer de ton, et persuader, tant au sergent qu'à l'escouade, que ces deux messieurs étaient ses amis, qu'ils venaient de souper ensemble, et que c'étaient de très-honnêtes gens. Le guet n'en veut rien croire. Piron se fâche, et se met en devoir de faire relâcher les deux prisonniers.

— Maintenant que vous avez votre habit, lui dit-on, ce sont d'honnêtes gens, et vos amis ; vous voulez sauver des voleurs ; patience, vous allez voir que M. le commissaire va envoyer vos amis en prison.

Comme ce colloque finissait, on arrive à la porte du commissaire, qui était couché, mais son clerc ne l'était pas encore.

Qu'on se figure, en présence de ce clerc, nos trois personnages, dispos, gaillards, aimant à rire, sortant de faire bonne chère, et ayant la tête un peu échauffée ; on aura l'idée de la scène qui se passa.

D'abord, le sergent commence son rapport ; mais il est si plaisamment interrompu, et à tant de fois, par Piron, qu'il ne peut l'achever. Alors, Piron, prenant la parole, fait un récit fidèle et succinct du prétendu délit.

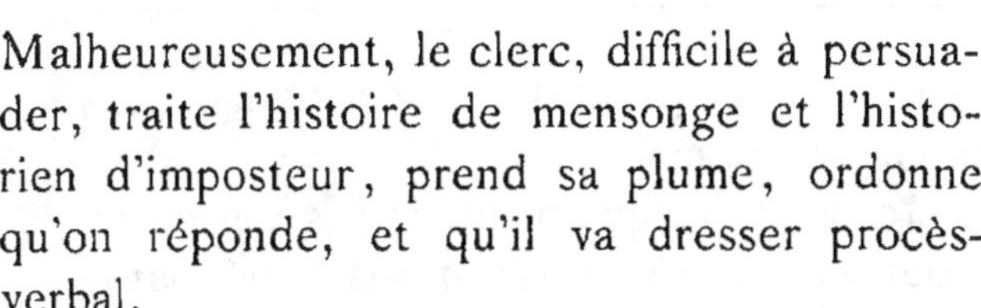

Malheureusement, le clerc, difficile à persuader, traite l'histoire de mensonge et l'historien d'imposteur, prend sa plume, ordonne qu'on réponde, et qu'il va dresser procès-verbal.

— Tout comme il vous plaira, dit Piron, dépêchez-vous, je vous aiderai à le mettre en vers, si vous voulez.

Parler de vers à ce clerc, c'était lui parler hébreu ; aussi répliqua-t-il :

— Pas tant de verbiage, procédons et commençons par vous. Votre nom ?

— Et le vôtre ?

— Ah ! vous plaisantez la justice !

— Je ne plaisante point la justice, poursuit Piron ; mais je vous trouve plaisant de vouloir savoir mon nom, avant que je sache le vôtre !

Le clerc, dont l'esprit n'était pas des plus déliés, traite le propos de rébellion à la justice, et menace Piron de l'envoyer en prison. A la fin, Piron se nomme. Le clerc continue de l'interroger et lui demande :

— Quel est votre état ? que faites-vous

— Des vers.

— Qu'est-ce que des vers ? vous moquez-vous encore de moi ?

— Je ne me moque point, je fais des vers ; et pour vous le prouver j'en vais faire tout à l'heure sur vous, pour ou contre, à votre choix.

— Je vous ai déjà dit que je n'entendais rien à tout ce verbiage ; et si vous me poussez à bout, vous pourrez bien vous en repentir.

Le clerc, ayant cessé d'interroger Piron, entreprit Gallet, auquel il fit également décliner son nom. Puis, élevant la voix :

— Quelle est votre profession ? Que faites-vous ?

— Des chansons, Monsieur, répondit modestement Gallet.

— Oh ! pour le coup, je vois qu'il faut nécessairement éveiller M. le commissaire.

— Ne troublez point, monsieur, le repos de M. le commissaire, répartit respectueusement Gallet, laissez-le dormir ; vous êtes si fort éveillé, que vous valez à vous seul, sans compliment, un commissaire, deux commissaires, trois commissaires ensemble. Au reste, rien n'est plus vrai, je fais des chansons, et vous devez même, si vous avez du goût, savoir

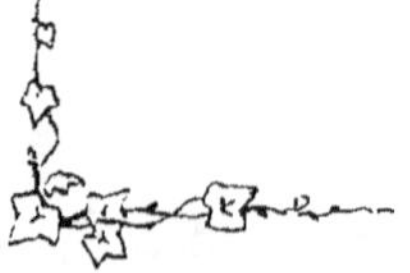

par cœur la dernière qu'on chante depuis un mois dans les rues, dont voici le refrain ; et, tout de suite, Gallet chante :

Daphnis m'aimait,
Le disait,
Si joliment,
Qu'il me plaisait
Infiniment.

Vous voyez, ajouta-t-il, que je ne vous en impose point, je suis réellement chansonnier, et, de plus (en faisant au clerc une profonde révérence), marchand épicier en gros, pour vous servir, rue de la Truanderie.

A peine Gallet eût-il cessé de parler, que M. Collé, saisissant la parole, pour ne pas donner au clerc le temps de l'interroger :

— Je vais, lui dit-il, vous éviter la peine de me faire des questions : je m'appelle Charles Collé, je demeure rue du Jour, paroisse Saint-Eustache ; ma profession est de ne rien faire, dont ma famille enrage, mais lorsque les couplets de monsieur sont bons, je les chante.

Aussitôt, M. Collé se met à chanter :

Avoir en sa cave profonde,
Vins excellents en quantité ;
Faire l'amour, boire à la ronde,
Est la seule félicité.
Il n'est point de vrais biens au monde,
Sans vins, sans amour, sans gaieté.

Puis, en montrant Piron :

Et quand monsieur fait de bons vers, je les déclame.

Et soudain, il déclame avec emphase :

J'ai tout dit : tout, Seigneur, cela doit vous suffire ;
Qu'on me mène à la mort : je n'ai plus rien à dire.

En achevant ces mots, M. Collé s'avance en héros vers la garde, qui riait à gorge déployée de ce burlesque interrogatoire. Le clerc seul, loin de rire, pâlissant de colère, devient furieux, se lève et court éveiller le commissaire. Piron lui crie, d'un ton railleur :

— Eh ! monsieur, ne nous perdez pas, nous sommes des enfants de famille.

Le commissaire était si profondément endormi, qu'on eut toutes les peines du monde à le tirer de son lit. Pendant qu'on l'attendait, la scène avait changé de lieu, et se passait dans la cour. Piron, le principal héros de la pièce, soutenait merveilleusement son caractère, et ne laissait point refroidir l'action. Il y jetait à toute minute l'intérêt le plus vif et le plus piquant. Les voisins, depuis le haut de la maison jusqu'en bas, étaient à leurs fenêtres, une lumière à la main, et faisaient, avec les gens du guet, retentir l'air de si grands éclats de rire, que ce bruit, mieux que les efforts du clerc, réveille le commissaire. Il descend, tout chancelant, bâilllant encore et se frottant les yeux. Sa maison illuminée du haut en bas, la cour remplie de monde, les rires immodérés des voisins, hommes, femmes et domestiques, tous en chemise, la garde presque pâmée, et se tenant les côtes à force de rire ; nos trois acteurs, au milieu, debout, dont l'un parlant avec une admirable volubilité, et les deux autres l'écoutant dans des attitudes grotesques et comiquement sérieuses ; tout cela lui paraît un songe ; il ne sait où il est, se frotte de nouveau les yeux, les ouvre de toute leur grandeur, promène ses regards incertains à

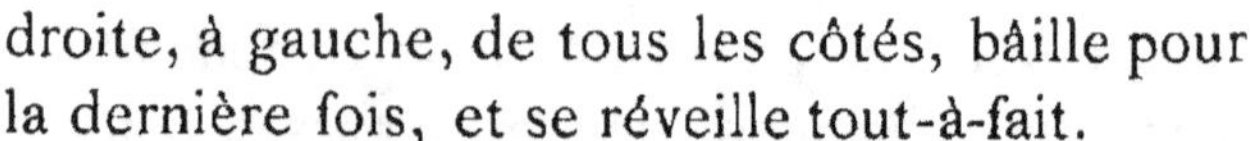

droite, à gauche, de tous les côtés, bâille pour la dernière fois, et se réveille tout-à-fait.

— Ouf ! voilà bien du bruit. Qu'est-ce que tout ceci ? Voyons…

Alors, s'adressant à Piron :

— Qui êtes-vous ? votre nom ?

— Piron.

— Quel est votre état ?

— Poète.

— Poète ?

— Oui monsieur, poète. Eh ! où vivez-vous donc pour ne pas connaître le poète Piron ? Je le passais à votre clerc. Quelle idée aurais-je de vous, d'ignorer mon état, quand je me nomme ? Oui, monsieur, mon état est d'être poète, état le plus grand, le plus noble, le plus sublime que les hommes puissent embrasser, quand c'est du génie qu'ils le tiennent ! Quelle honte pour un officier public, de ne pas connaître le poète Piron, auteur des *Fils ingrats*, applaudis si justement de tout Paris ; de *Callisthène*, qu'il a si injustement sifflé, comme je viens de le prouver au public par des vers qui valent une démonstration !…

Piron aurait poussé plus loin cette véhémente

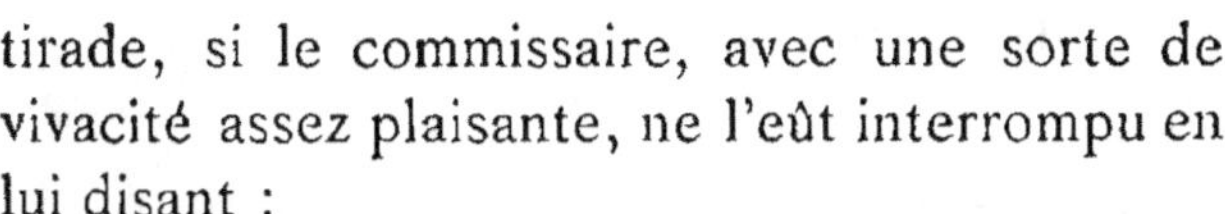

tirade, si le commissaire, avec une sorte de vivacité assez plaisante, ne l'eût interrompu en lui disant :

— Que parlez-vous de pièces de théâtre ? Savez-vous que Lafosse est mon frère, qu'il en a fait d'excellentes, et qu'il est l'auteur de la belle tragédie de *Manlius* ? Comment la trouvez-vous ? Hein ? Oh ! mon frère est un homme de beaucoup d'esprit ?

— Je le crois, monsieur, car le mien n'est qu'une..... bête, quoique prêtre de l'Oratoire et que je fasse des tragédies, répond Piron, avec une sorte d'enthousiasme risible, et se donnant en même temps des louanges outrées.

Ce trait, assez vif, et très-cavalièrement exprimé, ne fâcha point le commissaire Lafosse, qui le prit en galant homme. A la contenance des acteurs, à la gaieté de leurs propos, il ne fut pas longtemps à percer le mystère de toute cette aventure.

Il se la fit raconter par Piron, et s'en amusa beaucoup. Après quoi, il renvoya ces messieurs en leur faisant la politesse de les prier de venir

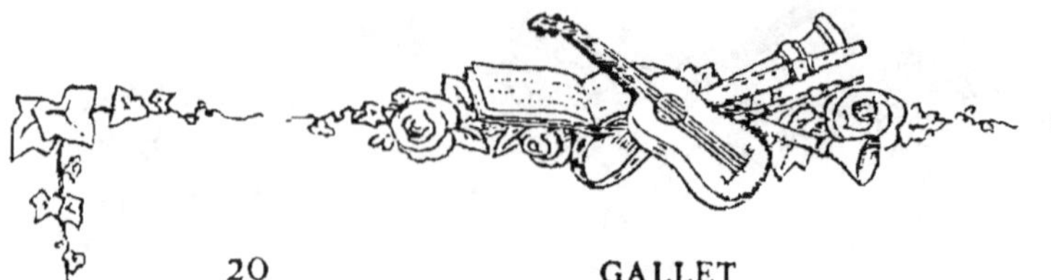

chez lui le samedi suivant, diner et manger des huîtres.

— Ah ! mes amis, dit Piron, en sortant de la maison du commissaire, rien ne manque plus à ma gloire, j'ai fait rire le guet.

III

C'était à peu près vers le milieu de la rue
de la Truanderie, qu'était située la maison,
avançant en saillie, et présentant à la rue, de
chaque côté d'une porte étroite, deux larges
vitrines, derrière lesquelles on voyait pêle-mêle
des paquets de droguerie, qui n'avaient pas
bougé depuis des années, des bottes de plantes
et d'herbes fanées, et où des bocaux pous-
siéreux, remplis de cristaux multicolores,

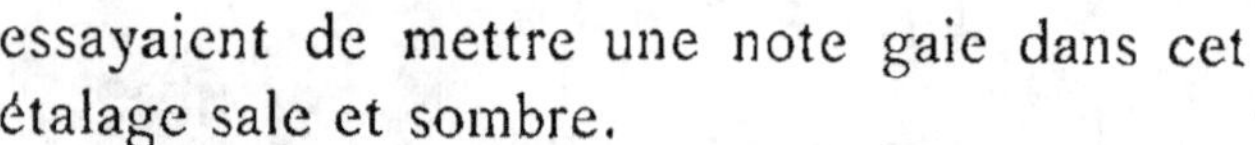

essayaient de mettre une note gaie dans cet étalage sale et sombre.

Au-dessus, et tenant toute la largeur de la maison, on devinait l'enseigne, de grosses lettres, qui avaient eu une couleur : *Galllet, épicier droguiste.*

A l'intérieur, le tour était vite fait : on entrait d'abord dans une salle assez vaste, la boutique, où le poète recevait les clients et les indifférents ; mais pour peu que le visiteur plût à Gallet, il le poussait dans la seconde pièce, la salle à manger, sobrement meublée d'une immense table et de sept ou huit chaises d'un style fort antérieur à la Fronde, d'un buffet monstre, et de trois ou quatre gravures représentant sans fard des polissonneries mythologiques ; et, si l'intimité faisait quelques progrès, ou, si Gallet avait très-soif, ce qui arrivait souvent, il conduisait mystérieusement son nouvel ami dans un petit réduit obscur, qui avait servi autrefois de laboratoire à ses ancêtres, des épiciers sérieux. Lui, trouvait que la droguerie avait fait assez de progrès, et il y avait installé une pièce de vin, remplacée aussitôt que bue, et dont le robinet ne chômait

pas. C'était là, au milieu des cornues cassées et des débris de fourneaux, qu'il trouvait les plus pures de ses inspirations.

Tout le long de la journée, il bavardait et buvait avec ses clients des environs de Paris, qui venaient s'approvisionner chez lui de drogueries et d'épices ; le brave garçon achetait cher de mauvaises denrées qu'il revendait bon marché, il appelait cela s'occuper de ses affaires.

Peu lui importait du reste qu'il fît ou non un bénéfice ; aussi apte à l'achat qu'à la vente, ne tenant aucune écriture, il eût été bien incapable de dire, après avoir conclu un marché, qui, de son adversaire ou de lui, en avait tiré profit. Pourvu que le traitant bût avec lui à verre renversé, écoutât en riant du rire d'or des buveurs sa dernière chanson, et sortît de la boutique en cognant la porte et en envoyant résolument son pied dans le ruisseau boueux qui barrait l'entrée, Gallet avait remporté une victoire, et qu'il payât ou non, le vaincu pouvait revenir, il était toujours le bien venu.

Ces victoires étaient fréquentes, il ne se passait guère de jour que Pyrrhus Gallet ne triomphât, mais quel triomphe, bon Bacchus !

A ce train-là, on n'est pas longtemps à manger le fonds et le revenu ; et les sacs si péniblement amassés par le père Gallet fondaient comme neige.

Aussi les hommes de loi commençaient à se montrer ; quand la source tarit, le ruisseau est bientôt sec. Tant que l'héritage dura, Gallet paya à cordons déliés, sans savoir ; mais quand la caisse fut vide, on arriva vite aux expédients, puis aux jugements, puis aux saisies.

Il ne s'en inquiétait pas cependant outre mesure, il n'était pas d'une pâte à se laisser taquiner dix minutes par une pensée disgracieuse. Tout d'abord, quand les huissiers et les procureurs s'étaient présentés chez lui, il avait essayé de les faire boire ; mais c'était là triste compagnie, gens d'encre et de style barbare, sans chanson et buvant faux, moitié bourgeois, moitié hiboux. Non, il n'y avait pas à boire deux fois avec eux, et quand ils se représentaient, Gallet les congédiait à sec:

« Le grand-prieur lui avait offert un logis splendide avec des gardes, dans son palais du Temple, et il allait peut-être se décider à

accepter une offre princière si gracieusement faite. »

Puis, quand le procureur, indigné qu'on plaisantât ainsi avec la loi, s'éloignait en grommelant, Gallet lui faisait un pied de nez, pirouettait sur ses talons, et retournait à son tonneau en fredonnant :

> *Au Châtelet sont bien tenants,*
> *Deux lieutenants ;*
> *Et ces magistrats renommés.*
> *Sont bien nommés ;*
> *Monsieur le lieutenant civil*
> *Est très-civil,*
> *Et le lieutenant criminel*
> *Bien criminel.*

Mais il avait beau pirouetter et chanter, ces visites l'agaçaient, comme une mouche qui revient sans cesse sur le nez, tant qu'on la chasse ; ces figures de vautour et ces costumes d'inquisition se posaient en travers sur toutes ses pensées, et le mettaient hors de lui, et il rageait.

Aussi, pourquoi venait-on l'ennuyer, et qu'avait-il fait qui méritât ces menaces, derrière

lesquelles il sentait la prison et le pilori ! En prison, lui ! et pourquoi ? Tant qu'il avait eu de l'argent, il ne l'avait pas chiché, Dieu merci ! Il n'en avait plus, il ne pouvait pas en donner. Fallait-il qu'il se fît faux monnayeur ? C'était la roue alors ! — Laissez-moi donc tranquille, et il fermait sa boutique, mettait son chapeau à cornes, prenait sa canne et sa boîte à tabac, et allait sur le quai des Orfèvres regarder couler l'eau et vivre les poissons.

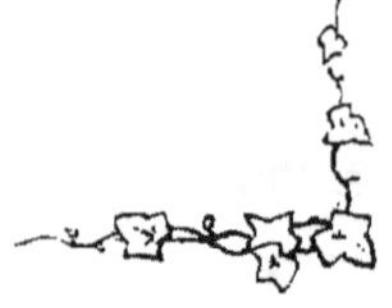

IV

Il ne rentrait qu'à la nuit close pour surveiller les apprêts du souper, que sa mère, une brave femme de Melun, qui était restée paysanne malgré la rue de la Truanderie, et à laquelle il cachait tous ses ennuis, préparait avec sollicitude, bien qu'elle remarquât qu'on mangeât beaucoup : une éclanche de mouton fortement épicée, un énorme jambon rose et tremblant, un pâté d'anguilles.

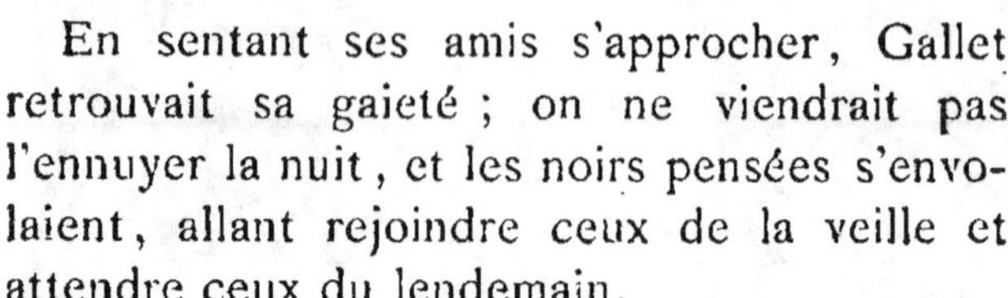

En sentant ses amis s'approcher, Gallet retrouvait sa gaieté ; on ne viendrait pas l'ennuyer la nuit , et les noirs pensées s'envolaient, allant rejoindre ceux de la veille et attendre ceux du lendemain.

M. Collé arrivait toujours le premier , très-affamé, car faisant fond sur le souper qui ne lui coûtait rien, il mangeait à peine le matin, réservant pour le soir un appétit qui avait de la renommée.

En revanche, Piron était toujours en retard ; il travaillait alors chez le chevalier de Belle-Isle, dans une mansarde, en compagnie d'un garde-française, à copier des rêveries politiques, et, comme on le payait peu, il fallait qu'il copiât beaucoup.

Crébillon fils et Panard venaient moins régulièrement ; l'un poursuivait quelqu'aventure galante, ou il était à Chaillot, avec son ami Patu , à l'hôtel du Roule , où il oubliait facilement l'heure du rendez-vous quotidien ; l'autre n'aimait pas à manger pour rien, il préférait retourner vingt fois dans la journée dans son petit cabaret de la rue Richelieu, prendre son pain d'un sou et sa chopine. Du

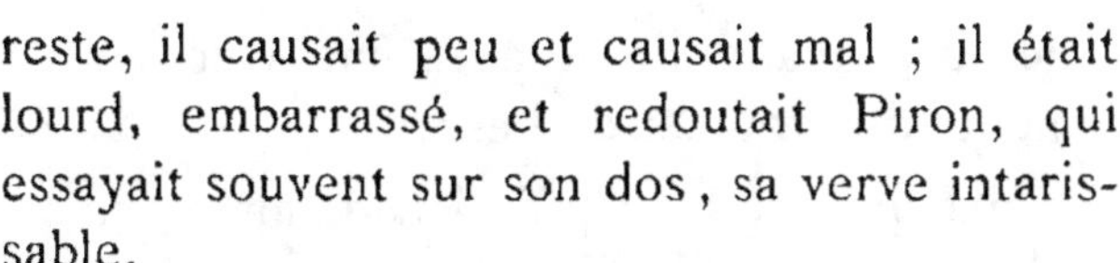

reste, il causait peu et causait mal ; il était
lourd, embarrassé, et redoutait Piron, qui
essayait souvent sur son dos, sa verve intaris-
sable.

Quand le père Crébillon venait, ce qui
était rare, c'était une véritable fête ; Crébillon
était un colosse, sale comme un peigne, ne
sortant jamais sa pipe de sa bouche; mais
grand mangeur, excellent convive, et envoyant
sans rire les plaisanteries les plus inavouables.
Son premier mot en entrant était de demander
si on avait vu son fils; il était furieux, disant
que le garnement faisait sa honte, qu'il lui
mangerait tout son bien, qu'il finirait accroché
à une potence.

— Vous seriez cependant désolé qu'il n'allât
pas en enfer, disait Gallet ; c'est votre propriété,
comme à Racine le Ciel, et à Corneillle la
Terre....

— Allons, ajoutait Piron, calmez-vous,
vieux censeur royal, si vous lui donniez plus
d'argent, il ne verrait pas si mauvaise compagnie.

— Je lui en donnerai, répondait Crébillon

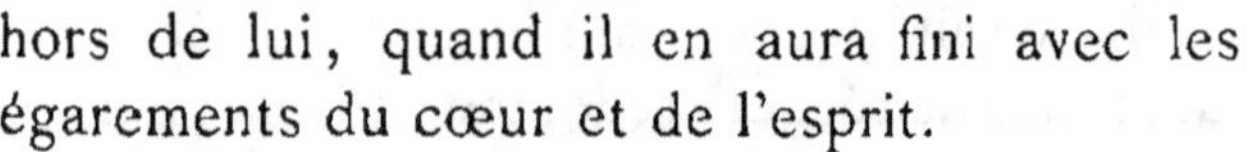

hors de lui, quand il en aura fini avec les égarements du cœur et de l'esprit.

— Voilà qui est bien joli, Rhadamiste ; je conseillerai à votre fils d'en faire le titre d'un de ces petits romans qu'il trousse si bien. Mais, dites-nous, vous voilà de l'Académie ; ce doit être bien agréable.

— En tous cas, vous ne saurez jamais ce que c'est.

— Vous n'en savez rien. A propos, on nous a raconté que vous alliez faire votre discours d'entrée en alexandrins ; c'est là une jolie pensée, et dont va enrager ce scélérat d'Arouet...

— Ah ! le brigand, il vient encore de me voler une scène tout entière.

Et Crébillon finissait par s'asseoir. On mangeait ferme, et chacun allait au robinet du laboratoire remplir lui-même son verre ; c'était pour se donner de l'exercice et empêcher les fumées du vin de monter trop vite. On faisait facilement chacun sa petite lieue dans la soirée.

Puis, quand la maman Gallet était allée se coucher, on chantait.

— Gallet, ton dernier couplet.

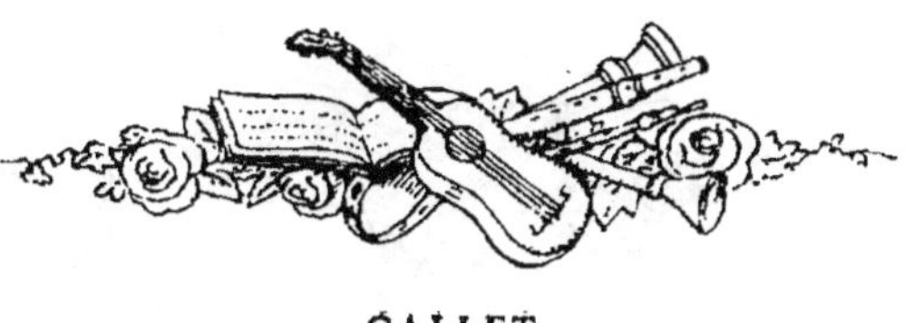

Et Gallet se levait, calé sur ses énormes jambes, et entonnait à pleine voix :

Si, pour embellir le monde,
Jupiter m'eût consulté,
Dans les lieux où coule l'onde,
Le vin seul eût existé.
La terre eût été sa treille,
Et la mer son réservoir,
Et pour le mettre en bouteilles,
J'aurais servi d'entonnoir.

— Piron, ton ode à Priape.

— Ah, non ! disait Piron, cela scandaliserait M. Collé.

— Ce n'est pas encore avec cela que vous entrerez à l'Académie, grommelait Crébillon, à moitié ivre.

— Ce sera le premier service qu'elle m'aura rendu, ripostait maître Alexis. Ecoutez plutôt des vers de mon ami Gallet :

Le Vendredi saint, dans les rues,
Un ivrogne, dès le matin,
De force pintes par lui bues,
Voiturait le faix incertain,
Quelqu'un passant se scandalise,
Et dit : quoi ! dans un jour si bon,

Est-il possible qu'on se grise ?
A quoi repart le biberon,
— Non sans espèce de raison,
Quand toute la nature en crise,
Voit succomber la déité,
Quoi, ne saurait-on sans surprise,
Voir chanceler l'humanité ?

* *
*

Gallet, pour pouvoir continuer ses soirées sans lesquelles il serait mort d'ennui, cachait avec le plus grand soin ses embarras d'argent à ses amis ; mais, quoi qu'il fît, la chose devenait trop publique, et M. Collé s'en aperçût. Généreux et reconnaissant comme il le fut toujours, cet avorton songea à battre en retraite, dans la crainte d'avoir à obliger un jour un ami, qui avait tout gaspillé en sa compagnie ; il fit plus, il persuada à Piron que Gallet exploitait sa verve brillante et ses saillies irrésistibles en faveur de son commerce.

En effet, Gallet avait quelquefois à sa table, en même temps qu'eux, des épiciers de la campagne qui venaient faire leurs provisions chez lui, ou des marchands avec qui il avait à traiter.

— Voyez, disait Collé à Piron, comme ce matois sait balancer son intérêt et son plaisir, il nous invite, mais il sait profiter de nous; les gens qu'il a avec nous à sa table, échauffés par vos bons mots, en même temps que par la chère et les vins, sont plus coulants pour terminer ses affaires, et l'usurier sait y trouver son compte.

Et l'ami perfide sut à ce point endoctriner la faible nature de Piron, aussi myope du jugement que des yeux, que celui-ci en vint à dire un jour :

— Je crois que cet homme me prête sur gages.

A partir de ce moment, on n'eut plus qu'une idée, s'éloigner poliment de l'arrière-boutique hospitalière, et c'est alors qu'on usa de l'expédient que voici, et dont je n'ai pas à me plaindre, malgré ma profonde amitié pour Gallet, puisqu'il fût inconsciemment la cause de la fondation du premier Caveau.

Ceci se passait en 1733.

On allégua que Gallet faisait seul tous les

frais, que cela n'était pas juste, bien qu'on s'en
aperçût assez tard ; qu'il était plus digne et
plus convenable que chacun fournît sa quote
part, et qu'il était mieux qu'on se réunît au
cabaret. On dînerait à frais communs deux fois
par mois ; on profiterait de ces réunions pour
se montrer ses vers, ses pièces sur le chantier;
la plus franche et la plus cordiale amitié, hôtesse
indispensable de ces petites fêtes, permettrait
à chacun de dire ouvertement ce qu'il pensait
des productions de ses amis, et afin de bien
laver le passé, afin d'indemniser Gallet de
toutes les dépenses, dont il avait seul, jusque-là,
supporté les charges, il assisterait gratis au
premier souper.

Et même, pour donner plus d'éclat à cette
réunion d'ouverture, on décida d'admettre
quelques joyeux convives : Piron indiqua
Fuselier; Collé, Saurin le fils ; Crébillon,
Sallé, son ami et collaborateur ; d'un commun
accord, on invita Crébillon le père, dans l'espérance, dit ingénûment Laujon, de l'amener
à se montrer plus libéral envers son fils.

V

Restait le choix du cabaret, et ce n'était pas une petite affaire.

Il fallait trouver un cabaretier affable, ce qui, à cette époque, était déjà très-difficile ; il fallait aussi une maison propre, pas trop encombrée par les ribaudes et les tire-laine, pas fréquentée non plus par de grands seigneurs, ce qui eût rendu trop élevées les exigences de l'hôte.

Comme le xviie siècle, le xviiie a vécu au cabaret : maréchaux de France et gardes françaises, académiciens et poètes crottés, loqueteux et marquis, tout s'y coudoyait, comme aujourd'hui dans les grandes brasseries de Bavière.

Il y avait cependant quelques cabarets accaparés par de petits groupes d'ivrognes ivrognants, groupes qui s'étaient formés naturellement par la ressemblance des goûts, ou les exigences de la position sociale ou du métier.

La noble débauche, malgré qu'elle aimât à s'éloigner de Paris, et qu'elle fréquentât plus assiduement la Duryer à Saint-Cloud, ou l'Epée-Royale à Passy, faisait souvent ses noces incomparables chez Rousseau, rue d'Avignon, côté des Halles, chez Boucingo, chez la Guerbois, ou chez la Boisselière, dont le moindre dîner coûtait dix livres tournois. Là, les descendants des croisés trouvaient grande chère, vins fameux et amours faciles ; ils venaient achever d'y épuiser leur noblesse anémique, et en sortaient le matin, traînés par leurs valets, sales de vin et de boue.

Les poètes, eux, ont de tout temps sérieu-

sement installé leurs lares au cabaret. La
Pomme-de-Pin, rue de la Licorne, à la Cité,
avait été le séjour assidu de Rabelais, de
Villon et de maître Adam; les ombres de ces
grands buveurs hantaient toujours le logis, et
grâce au souvenir respectueux qu'on leur
portait, cette taverne était restée ce qu'ils en
avaient fait: un temple littéraire et classique;
c'était la succursale aimable de l'Académie, et
on y parlait mieux, sans être obligé d'y faire
un dictionnaire.

La Croix-de-Lorraine partageait sa docte
renommée, les poètes les plus célèbres et les
plus raffinés y avaient leur table. Racine y
allait souvent, bien qu'il préférât la veuve
Bervin au Mouton-Blanc; c'était là qu'il
entraînait Boileau, qui faisait dans la rue des
plans méthodiques de réforme et de continence,
et qui ne pouvait plus sortir une fois qu'il y
était entré.

> *Molière, que bien connaissez,*
> *Et qui vous a si bien farcés,*
> *Messieurs les coquets et coquettes,*
> *Les suivait et buvait assez*
> *Pour vers le soir être en goguette.*

Chapelle et Saint-Amand, les plus beaux ivrognes, non pas du xvııᵉ siècle, mais de tous les siècles, préféraient l'Ange et la Fosse-aux-Lions, où ils se trouvaient plus chez eux, et où ils n'avaient pas à craindre les sermons de censeurs jaloux de leur capace estomac. C'est à la Fosse-aux-Lions que Saint-Amand eut sa fameuse gageure avec Voiture, qui ne buvait que de l'eau, quoique fils de gargotier : Voiture dut boire un verre de vin, mais Saint-Amand fut condamné à avaler une pinte d'eau, il y employa deux heures, et faillit en mourir.

Les comédiens de l'hôtel de Bourgogne allaient à l'Alliance, ceux du Palais-Royal chez Bergerat, aux Bons-Enfants ; les danseurs à l'Epée-de-Bois ; la basoche à la Tête-Noire, près du Palais ; les chantres au Diable.

Les prêtres et les moines, les frères quêteurs en retour de tournée, étalaient leurs panses volumineuses sur les bancs du Riche-Laboureur, dans l'enclos de la foire Saint-Germain, de la Table-Roland, ou du Treillis-Vert, dans la rue Saint-Hyacinthe ; ils y restaient de longues heures, et le tavernier

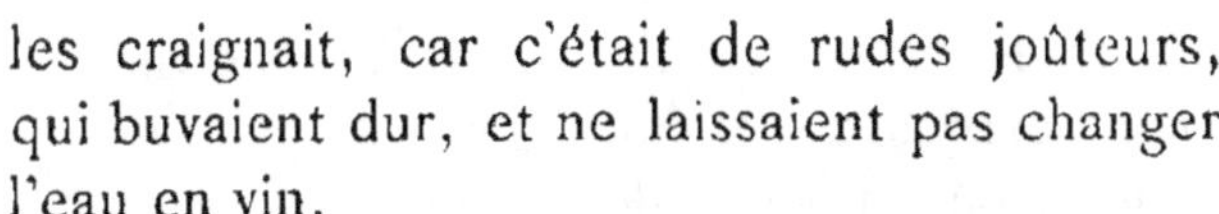

les craignait, car c'était de rudes joûteurs,
qui buvaient dur, et ne laissaient pas changer
l'eau en vin.

Les jeunes gens modestes allaient danser et
boire des liqueurs innocentes au Moulin-de-
Javelle, tandis que la jeunesse dorée s'enfer-
mait à l'Écharpe, rue du Marais, le premier
lieu de débauche qui eût des cabinets parti-
culiers.

Mais Ramponneau fut le plus grand :
Ramponneau avait été acteur et connaissait
son public ; il avait une immense taverne, un
boyau étroit, mais démesurément long ; il l'avait
fait ainsi pour établir plus facilement son contrôle et avec une seule porte. C'était la Basse-
Courtille, à l'enseigne du Tambour-Royal.
Là, se pressait, s'entassait le Tout-Paris de
l'époque, claque-patins, grands seigneurs, mar-
chandes de marée et dames de la cour, voleurs,
soldats, bourgeois et catins ; mais les hôtes les
plus réguliers, ceux qu'on y trouvait tous les
soirs, étaient Chaulieu, Dancourt, la Fare,
Marivaux, Vadé, Fréron, qui ont laissé à ce
capharnaüm de la ribotte, une renommée qui
n'est pas près de s'éteindre. La vogue du

Tambour-Royal était telle, qu'un Anglais vint un jour exprès de Londres, y mangea une grillade, y but un verre de vin de Suresne, et retourna chez lui raconter que Paris était la plus merveilleuse ville du monde.

On buvait alors à Paris, peut-être plus qu'aujourd'hui, mais, à coup sûr, avec plus d'intelligence et de savoir ; il y avait jusqu'à des cabarets roulants, qui colportaient des rafraîchissements de porte en porte, et qu'on appelait des triballes ou trimballes. Le peuple, qui est reconnaissant, en a conservé la mémoire, et il a gardé dans son vocabulaire imagé, le mot trimballe en souvenir de ces chars bienfaisants.

Quelques cabaretiers, hommes d'esprit et de lettres, avaient composé leur enseigne d'un jeu de mots : tel avait peint au-dessous de sa porte un tableau représentant Jésus-Christ au Jardin des Olives avec cette devise : Au Juste prix ; tel autre, un verre enguirlandé de fleurs : Au Verre-Galant.

Au commencement du XVIIIe siècle, les pontifes de la littérature se réunirent longtemps au café de la veuve Laurent, rue

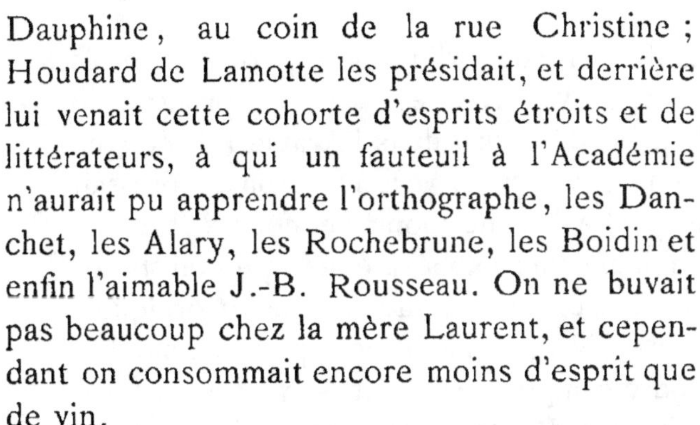

Dauphine, au coin de la rue Christine ;
Houdard de Lamotte les présidait, et derrière
lui venait cette cohorte d'esprits étroits et de
littérateurs, à qui un fauteuil à l'Académie
n'aurait pu apprendre l'orthographe, les Dan-
chet, les Alary, les Rochebrune, les Boidin et
enfin l'aimable J.-B. Rousseau. On ne buvait
pas beaucoup chez la mère Laurent, et cependant on consommait encore moins d'esprit que
de vin.

Un jour, Rousseau, sans crier gare, s'amusa
à salir tout ce monde guindé avec d'immondes
couplets, que, du reste, il a payés assez cher ;
tout le monde s'enfuit et pas un des blessés
ne remit oncques les pieds dans la rue Dauphine. Voici un de ces couplets, qui donnera
une idée des autres :

Que de mille sots réunis,
A jamais le café s'épure ;
Que l'insipide Dionis
Porte ailleurs sa plate figure ;
Que dans son sale cabinet
Le pesant abbé Maumenet,
Laisse pourrir ses vers maussades ;
Que jamais l'enflé Grimaret
N'y produise ses œuvres fades.

Enfin Procope vint ; il apportait le café, qu'une chèvre avait eu, sans en profiter, le talent de découvrir dans l'Arabie Pétrée ; ce fut une révolution ; vers 1725, on se pressait rue de l'Ancienne-Comédie pour s'abreuver du noir nectar ; l'abbé Delille, qui avait beaucoup d'esprit, et traduisait les géorgiques, plaignait Virgile de n'avoir pu, comme lui, prendre chaque jour sa demi-tasse ; la Pomme-de-Pin fut dépassée, on rendit désormais les oracles de la poésie et de la science aux âcres parfums du moka, et Voltaire, en transportant ses pénates chez Procope, lui posa sur le front la couronne de l'immortalité :

> *Quand Boindin, par trop impie,*
> *Avait bien médit du ciel ;*
> *Quand Piron, contre Olympie,*
> *Avait bien vomi son fiel ;*
> *Quand Rousseau le misanthrope,*
> *Avait bien philosophé ;*
> *Ça, Messieurs, disait Procope,*
> *Prenez donc votre Café.*

VI

Cependant, nos amis, qui, guidés par
Panard, avaient couru toutes les tavernes de
Paris, après bien des hésitations, après de
longues stations pour bien goûter les vins,
avaient fini par s'arrêter au choix d'un petit
cabaret peu connu, mais qui avait ce double
mérite, que les vins y étaient délicieux, de
provenance sûre, d'un prix agréable, et que
l'hôte était fort aimable et fort complaisant.

Le cabaret était situé carrefour de Bussy ; il avait pour enseigne : Au Caveau. Il y avait une salle basse fort commode, qui serait spécialement réservée aux réunions de nos poètes ; l'hôte s'appelait Landel, et se mettait à la disposition de ses nouveaux clients pour tout ce qu'il leur plairait souhaiter.

> *Pour voir gentille fillette,*
> *Sitôt qu'on l'appellera,*
> *Pour percer une feuillette*
> *Dès qu'on le demandera,*
> *Et lon lon la*
> *Landel irette,*
> *Et lon lon la*
> *Landel ira.*

On ne pouvait mieux tomber.

*   *

Le premier dîner eut lieu en 1733 ; ce ne fut que l'année suivante qu'on appela, pour former une société régulière, de nouveaux amis dont l'esprit et les talents apportèrent au Caveau de précieux éléments de charme et de

notoriété ; les seize membres qui successive-
ment complétèrent la société, sont en dehors
des huit fondateurs :

> Saurin père,
> Duclos,
> La Bruère,
> Bernard,
> Moncrif,
> Boucher,
> Helvétius,
> Rameau.

PIRON

Voltaire poussait un jour Piron à faire des
démarches, dont l'issue devait être lucrative,
mais dont la délicatesse n'était pas absolument
prouvée. Voltaire, étonné de voir le poète se
regimber, insistait, et finit par lui dire avec
aigreur :

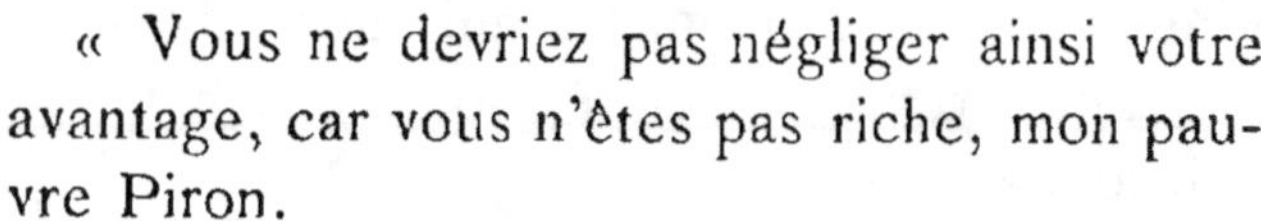

« Vous ne devriez pas négliger ainsi votre
avantage, car vous n'êtes pas riche, mon pauvre Piron.

— Cela est vrai, répartit vivement Piron,
mais je m'en f... : c'est comme si je l'étais. »

L'homme est tout entier dans cette réponse.

Son père, un pharmacien de Dijon, riche et
poète, lui fit donner une instruction solide et
charnue, et il fit bien : car Piron avait à peine
pris ses degrés dans la jurisprudence, qu'à la
veille de plaider sa première cause, une catas-
trophe imprévue enleva l'aisance et même
le nécessaire à sa famille, et qu'il lui fallut
disputer au travail le pain de chaque jour.

Ce n'était pas facile, à lui surtout qui ne
voyait pas clair et n'avait jamais songé que
rimes et couplets : et la pâture qu'on trouve
au Sacré Vallon n'a empêché personne de mourir de faim.

Il avait par bonheur un fonds de philosophie heureuse, qui l'aida singulièrement à oublier la disgrâce ; nul ne savait comme lui
piquer sans laisser de venin et mordre sans
faire de blessure ; il avait emprunté au Corton
sa force élégante et au Pomard sa fine ron-

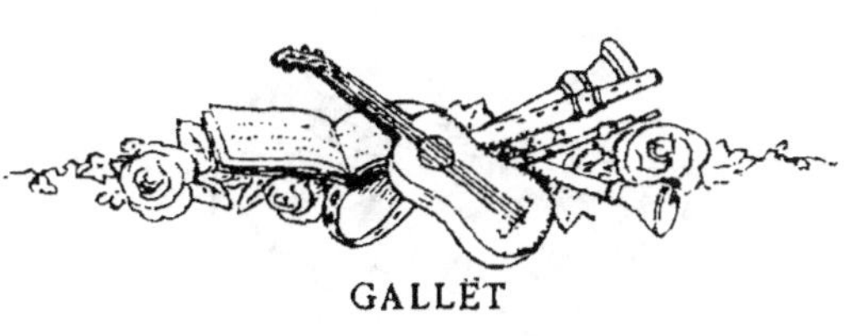

deur, et lorsqu'il dût venir à Paris en 1719,
il y arriva précédé d'assez de notoriété pour
que les salons littéraires lui ouvrissent leurs
portes.

Paris ne l'effraya pas au sortir de sa province, et il y vécut en pur bohême, d'abord
commis d'un financier métromane, puis co-
piant les élucubrations du chevalier de Belle-
Isle, dînant chez Gallet et chez la marquise
de Mimeure, sans un écu en poche, ce qui ne
l'empêchait pas de braver et même de poursuivre Voltaire.

Un jour, Francisque, l'entrepreneur de
l'Opéra-Comique, qui faisait alors courir tout
Paris à la foire Saint-Germain, tomba chez lui
fort éploré ; son théâtre où, sous la forme la
moins rigide, on éreintait agréablement la
haute littérature du Théâtre-Français, venait
d'être atteint d'un coup mortel par un arrêt
royal : on lui permettait de représenter les
pièces qu'il voudrait, mais on lui interdisait
le dialogue : c'était la ruine.

« Il faut, dit Francisque à Piron, que vous
me tiriez de là, j'ai promis de jouer dimanche. »

Et en deux jours Piron scéna un petit chef-d'œuvre, *Arlequin Deucalion*, d'une verve désopilante ; un monologue en trois actes, vif, varié, mordant, sans fadeurs ni redites, et où l'action ne languit pas un instant. Le succès fut colossal, et Piron toucha deux cents écus.

Il crut au Pactole, et y laissa couler sa barque ; au moment de la fondation du Caveau, il était tout entier au théâtre : il venait de donner les *Fils ingrats* et *Callisthène* ; il avait alors 44 ans.

Les *Fils ingrats* furent sifflés et, malgré sa philosophie, Piron en fut affecté ; il en attribua la chûte aux acteurs : « De pareils comédiens, disait-il, feraient tomber l'Évangile s'ils le jouaient, et pourtant il y a dix-sept cents ans que cette pièce se soutient. »

Ce n'est certainement pas son théâtre, d'une lecture difficile et insipide, malgré sa forme puissamment littéraire et française, qui a fait sa renommée ; il la dût, de son vivant, à ses saillies et à ses bons mots, à une manière de conversation tellement vive et spirituelle qu'elle le faisait autant redouter des uns que rechercher des autres ; on aimait son désintéressement et son honnêteté, on admirait sa lutte hardie contre les tout-puissants du jour.

Aujourd'hui, pourquoi s'est-il attaché à son nom une idée indestructible d'obscénité? Pourquoi sourit-on libertinement quand on le prononce? Pourquoi a-t-on chargé ce pudibond, qui refusa d'entrer dans les ordres parce que l'homme le plus pur ne l'est jamais assez pour remplir dignement cet état, de toutes les polissonneries d'Israël?

C'est parce qu'un jour, sans effort, par gageure, à vingt ans, il fit ce chef-d'œuvre inimitable, l'*Ode à Priape*, et que les jésuites libertins de la cour de Louis XV, qui certes étaient bien loin d'en pouvoir faire autant, se vengèrent de leur impuissance en l'accusant d'immoralité. Ils furent plus cléricaux que le roi, car un jour que l'évêque de Mirepoix, pour empêcher Piron d'entrer à l'Académie, tonnait à ce sujet devant la cour : « Monseigneur, dit Louis le Bien-Aimé, qui ce jour-là eut un instant d'esprit, récitez-nous donc cette ode : ces dames ne la connaissent sans doute point. » « Et, raconte Piron, Monseigneur la dit pontificalement. »

L'auteur de cet ouvrage ne peut pousser la

hardiesse jusqu'à la donner à ses lecteurs ; mais il déclare qu'elle lui paraît surpasser comme rhythme et comme lyrisme toutes les productions des maîtres du genre, y compris le grand Boileau Despréaux, qui commit une ode au roi sur la prise de Namur, commençant par les vers suivants :

Quelle docte et sainte ivresse
Aujourd'hui me fait la loi !
Chastes nymphes du Permesse,
N'est-ce pas vous que je voi !

Le malheureux J.-B. Rousseau sombra aussi en essayant de naviguer sur cette mer difficile ; et si j'ai cité son nom, c'était pour avoir l'occasion de donner la charmante parodie que fit Piron d'un de ses morceaux les plus connus, les *Misères de l'homme :*

Que l'homme est sot et ridicule,
Quand l'amour vient s'en emparer :
D'abord, il craint, il dissimule,
Ne fait longtemps que soupirer.

S'il ose enfin se déclarer,
On s'irrite, on fait l'inhumaine :

N'importe, il veut persévérer ;
Que de soins, d'ennuis et de peine !

On l'aime : tant pis, double chaîne.
Mille embarras dans son bonheur :
Contre-temps, humeur incertaine,
Père, mère, époux, tout fait peur.

Est-ce tout ? non. Reste l'honneur,
L'honneur, du plaisir l'antipode,
On veut le vaincre, il est vainqueur ;
On se brouille, on se raccommode.

Vient un rival : autre incommode.
Loin des yeux le sommeil s'enfuit.
Jaloux, on veille, on tourne, on rode :
Ce n'est qu'alarme jour et nuit.

Après bien des maux et du bruit,
Un baiser finit l'aventure ;
Le feu s'éteint, le dégoût suit :
Le pré valait-il la fauchûre !

COLLÉ

M. Charles Collé, l'Anacréon de nos jours,
dit un ami trop complaisant, était le fils d'un

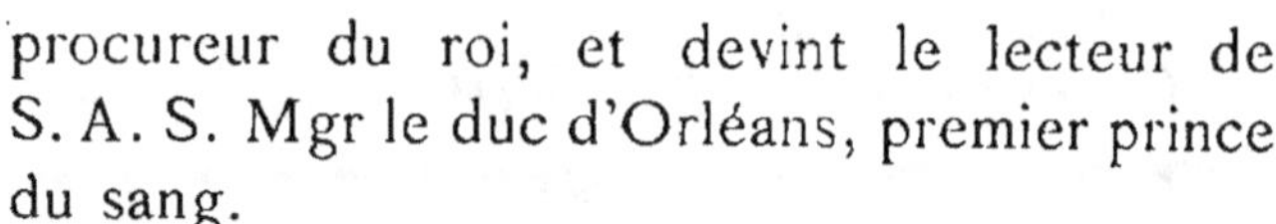

procureur du roi, et devint le lecteur de
S. A. S. Mgr le duc d'Orléans, premier prince
du sang.

Il avait vingt-quatre ans, une figure en lame
de couteau et des allures de fouine, et éblouis-
sait le milieu bon enfant dans lequel il vivait,
par ses singeries de grand seigneur. Admis
parfois dans les cuisines des palais, il en rap-
portait des manières de laquais de haute maison, et, bien qu'ils le méprisassent, ses amis
avaient pour lui la curiosité respectueuse
qu'un bourgeois n'oserait refuser à qui porte
une livrée royale.

Il courut d'abord les petits salons, colpor-
tant des amphigouris, dont l'un est resté célèbre, puis il travailla à donner des pièces aux
théâtres de la foire, et enfin il fit des chansons.
Il était loin de la simplicité gauloise de Gallet
et de la finesse de Panard, mais mieux qu'eux
il savait flatter les augustes oreilles, dont il
s'approchait à force de platitudes.

La grande préoccupation de sa vie a été la
poursuite d'une sous-ferme, qu'il sollicitait du
duc de Chartres; rien n'est curieux et écœu-
rant comme ses angoisses et ses intrigues: un

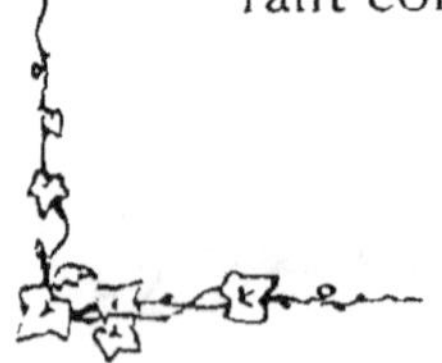

jour, il est près de toucher au but, et il exalte les vertus des princes ; un autre jour, on refuse d'apostiller son placet et le voilà tombé dans un noir dédain des grands. « Les rois, s'écrie-t-il, doivent nous être aussi indifférents que nous le leur sommes ; sans leur souhaiter ni bien ni mal, aimons-les autant qu'ils nous aiment ; rien n'est plus équitable, et ne sera moins gênant. »

En somme, c'était un fort vilain personnage, et on ne comprend guère pourquoi ceux qui l'approchaient, Gallet surtout, avec qui il s'est si indignement conduit, ont eu pour lui tant d'égards.

Son théâtre est illisible, sans esprit et sans goût ; quelquefois cependant, il arrive à tourner quelques vers gracieux, comme ceux-ci :

> *Sous les mers du dieu des amours*
> *Il faut oser tout faire ;*
> *Les voyages sont de long cours*
> *Si l'on n'est téméraire.*
> *On ne doit point avoir peur*
> *Sur les flots de Cythère*
> *Quand on est bon rameur.*

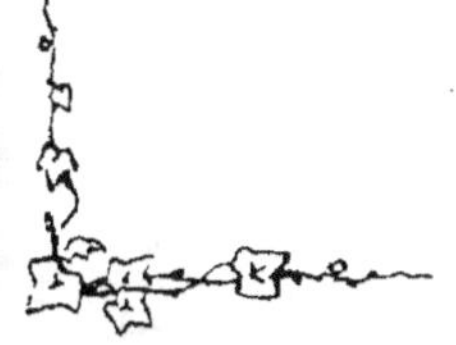

Que Vénus soit, dans les gros temps,
   Votre étoile polaire ;
Ce n'est jamais que peu d'instants
   Qu'on a le vent contraire.
On ne doit, etc.

Prenez votre route au levant,
   C'est la route ordinaire :
Vite, mettez la voile au vent,
   Et montrez-vous corsaire.
On ne doit, etc.

Coulez tous vos rivaux à fond :
   Qu'ils boivent l'onde amère.
Arborez votre pavillon,
   Et montez leur galère.
On ne doit, etc.

Prendre le vent sur un époux,
   Ce n'est pas une affaire :
Ces ennemis-là filent doux
   Et l'on peut tout leur faire.
On ne doit point avoir peur
   Sur les flots de Cythère
   Quand on est bon rameur.

CRÉBILLON PÈRE

En 1733, Crébillon était un grand homme : aujourd'hui on connaît encore son nom, mais personne n'aurait le courage de le lire ; le brave homme n'a mérité :

Ni cet excès d'honneur, ni cette indignité.

Prosper Jélyot de Crébillon, Bourguignon comme Piron et Rameau, était un tragique dans le sens terrifiant du mot : dans sa robe de chambre en loques, un madras retenant ses cheveux blancs et rares, la pipe à la bouche, le fouet à la main pour corriger ses chiens sans frapper, l'excellent homme charpentait les scènes les plus terribles, roulait avec fureur ses bons grands yeux bleus, et ne quittait sa pipe que pour vomir des imprécations contre les dieux et contre les rois.

Il avait alors soixante ans, avait fait *Rhadamiste*, venait d'être reçu de l'Académie, était
censeur royal. Il était le rival en titre de Voltaire, qui le poursuivait avec aigreur et sans
pitié, et lui faisait l'honneur de ne pas déra-
ger, chaque fois qu'il pensait à lui.

Rien de plus curieux et de plus dispropor-
tionné que cette lutte entre Crébillon et Voltaire, entre un pygmée et un colosse ; l'un est
gros, l'autre est maigre ; l'un s'abreuve de
café, l'autre ne cesse pas de fumer ; l'un court
les ruelles, l'autre s'enferme chez lui.

Au théâtre, ils se poursuivent avec acharnement : l'un donne une *Sémiramis* idiote,
l'autre en fait une déplorable ; les amis de
Crébillon portent aux nues *Atrée* et *Thyeste ;*
les fanatiques de Voltaire se tordent d'admiration devant les *Pélopides ;* le premier passe
trente ans à bâtir un *Catilina*, le second en
huit jours riposte par une *Rome sauvée.*

L'art littéraire n'y gagne rien, mais le parterre se passionne et excite les combattants,
qui deviennent ennemis jurés. Aussi le pauvre
Crébillon attribuait-il tous ses déboires à son
illustre persécuteur, qu'il appelait un très-

méchant homme, et cela avec le ton d'une bonhomie toute particulière.

C'est Crébillon qui fut à Paris le guide et le précepteur de Casanova; il lui apprit le français, la morale et l'art d'écrire; c'est là, sans contredit, son plus bel ouvrage, bien qu'il ne s'en soit pas vanté.

Il faisait cinq lieues par jour, avait un appétit formidable et ne dormait jamais plus de quatre heures par nuit. Sa saleté était proverbiale.

Il logeait au Marais, rue des Douze-Portes, avec une maîtresse cagneuse, quinze ou vingt chiens, et autant de corbeaux et de chats.

Il détestait Corneille et Racine, qu'il trouvait trop terre à terre; il voulait à l'un plus de chaleur, à l'autre moins de bourgeoisie; et, pour leur donner une leçon, il fit *Atrée;* mais il dépassa le but et fit sa tragédie si forte, si nerveuse, si horrible, qu'il en fut consterné lui-même après la première représentation, et s'en fut chez lui avec une stupeur muette et sombre, sans proférer un seul mot.

Il exécrait les rois, ce qui ne l'empêcha pas de faire quinze ans sa cour à Louis XIV, et

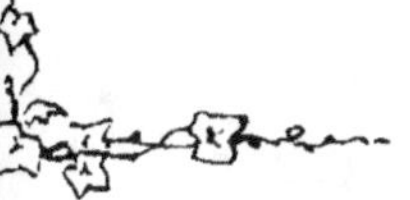

de brûler sa tragédie de Cromwell, quand le
monarque lui eut dit qu'il avait tort d'user sa
plume sur un gredin.

Jeune, il avait eu tous les vices : le vin, le
jeu, les femmes et la paresse ; il était servi
d'ailleurs à merveille par une prodigieuse mémoire qui lui permettait de ne jamais écrire un
vers, et de réciter d'un seul coup aux comédiens les pièces qu'il leur présentait.

Aujourd'hui, c'était le plus rangé et le meilleur des hommes, plus bourgeois que Racine,
simple, enjoué, serviable, et bon jusqu'à la
naïveté.

Naturellement, c'était le plus illustre des
fondateurs du Caveau, il en était de droit le
Président, et nos amis s'inclinaient devant sa
haute situation. A table, il parlait peu, mais il
était écouté avec recueillement, et on admirait le jeu lent, mais régulier et continu de ses
mâchoires.

CRÉBILLON FILS

Un jour, en plein Caveau, Duclos demandait au vieux Crébillon quel était le meilleur de ses ouvrages.

« La question est embarrassante, répondit le poète ; mais, ajouta-t-il en montrant son fils, voilà assurément le plus mauvais.

— Pas tant d'orgueil, s'il vous plaît, Monsieur, riposta vivement celui-ci, attendez qu'il soit prouvé que tous ces ouvrages sont de vous. »

Si impertinente que paraisse cette répartie, on serait tenté de croire qu'elle n'est pas dénuée de fondement, quand on compare le père au fils.

Le jeune Crébillon, dit un chroniqueur qui l'a connu, était taillé comme un peuplier : haut, long, menu ; c'étaient la politesse, l'aménité et la grâce fondues ensemble.

On l'appelait le philosophe des femmes, et

nul n'a su comme lui faire l'analyse de leurs
instincts coquets et de leurs gracieuses fai-
blesses ; nul n'a été si subtil ni si décemment
licencieux.

Littérateur, il est mièvre et alambiqué ; il
lui faut cinquante pages pour prendre un baiser et trois cents pour arriver au but ; « pendant
ce temps-là, dit le chevalier de Cubières, j'aurais fait dix fois la même besogne. »

« Je regrette le temps de la Régence, disait Crébillon, comme l'époque des bonnes
mœurs », et il devait lui être fort difficile en
effet de distinguer les bonnes mœurs des autres, puisqu'on le met à la Bastille pour avoir
écrit *Tanzaï*, et que plus tard on le fait censeur royal pour avoir imprimé le *Sopha*.

Sceptique, indolent, spirituel jusque dans
les plis de son jabot, il affectait un profond
mépris pour les productions théâtrales, qu'il
traitait de farces, et disait à Mercier qu'il n'a-
vait pas encore achevé la lecture des tragédies
de son père, mais que cela viendrait.

A l'époque où nous sommes, c'était un beau
grand garçon de vingt-cinq ans, franc, sans
souci, courant après un écu comme après une

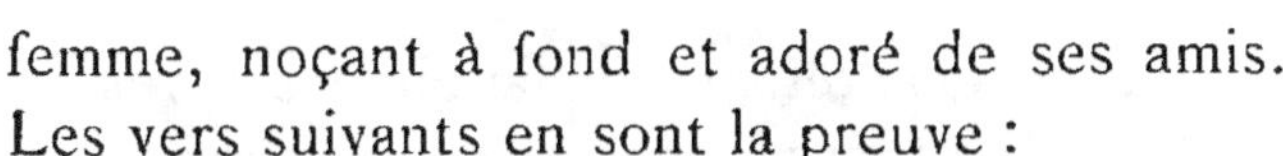

femme, noçant à fond et adoré de ses amis.
Les vers suivants en sont la preuve :

Chacun de nous se fit l'apôtre
Du jeune Crébillon et de son Tanzaï.
Tandis que du père d'Atrée
La muse alors en cheveux blancs
D'une meute de chiens reposait entourée ;
Que, prodiguant ses soins pour eux
Et négligeant sa renommée,
Ce tragique à jamais fameux
Du tabac dans les airs envoyait la fumée,
Son fils, jeune et brillant, sur les pas d'Hamilton,
Marchait au temple de Mémoire,
Et déjà, par son écumoire,
Ayant acquis un grand renom,
A Vincennes expiait sa gloire ;
Scandalisait ces gens qu'on nomme gens de bien,
De lui faisait parler au prône,
Et de notre âge enfin devenait le Pétrone,
Comme son père fut le Sophocle du sien.

SALLÉ

Jacques-Antoine Sallé, ami intime de Crébillon fils, avait vingt-deux ans à la première
réunion du Caveau.

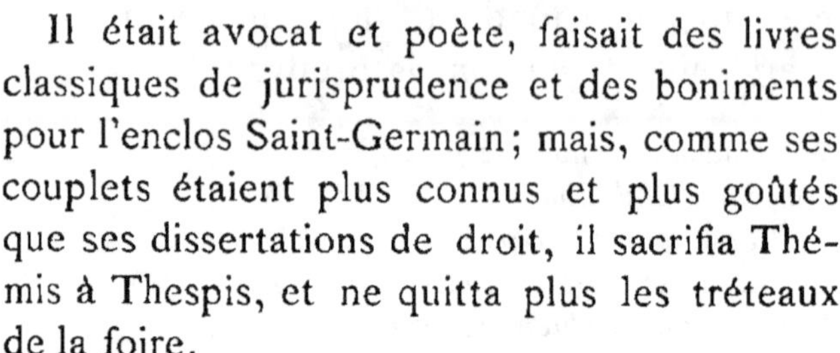

Il était avocat et poète, faisait des livres
classiques de jurisprudence et des boniments
pour l'enclos Saint-Germain; mais, comme ses
couplets étaient plus connus et plus goûtés
que ses dissertations de droit, il sacrifia Thé-
mis à Thespis, et ne quitta plus les tréteaux
de la foire.

Pendant trente ans, il approvisionna sans
relâche les théâtres en plein vent de parades
et de farces, dont nos bons aïeux se régalaient
avec délices : une génération tout entière s'est
pâmée devant Isabelle, Cassandre, Gilles et
Arlequin, et, bien qu'on lui servît toujours le
même plat avec de minces variantes, elle
n'arrivait pas à s'en rassasier.

Sallé n'y trouva cependant ni la gloire, ni
la fortune : il dut à la fin de sa vie accepter
un emploi de secrétaire chez le comte de
Maurepas. Mais il était trop honnête homme
pour savoir tirer parti de sa nouvelle position,
et fut le seul des commis du célèbre ministre
qui ait payé ses dettes, qui n'ait pas volé le
roi et qui soit mort pauvre et pur.

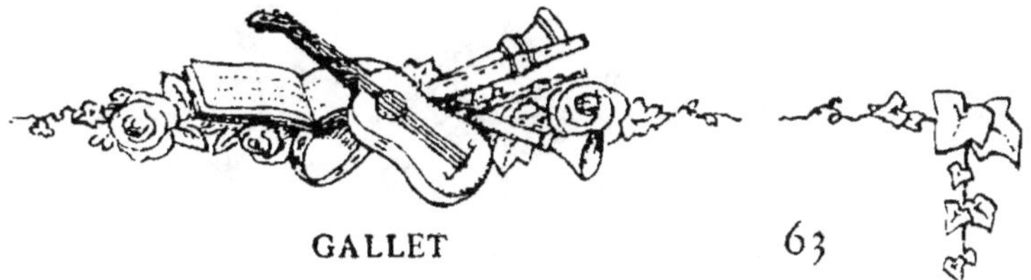

FUSELIER

Louis Fuselier était un des vieux du Caveau : il avait soixante et un ans, était petit, trapu, énorme, au point de ne pouvoir marcher : toujours sous le coup d'une attaque d'apoplexie foudroyante, il se faisait traîner dans une voiture par un laquais qu'il appelait son cheval baptisé.

Une fois à table, calé par des coussins, il oubliait ses misères, et devenait un convive bruyant et loquace, buvant sans marquer les coups, et chantant à fendre les vitres.

Le joyeux compère avait été, avec son ami Lesage, le pourvoyeur des foires avant Sallé, et il avait passé sa vie à fabriquer des parades d'un goût fort douteux, d'un français fort discutable; mais d'une irrésistible gaîté.

On sait avec quel acharnement les comédiens sérieux poursuivaient ces théâtres légers, qui leur enlevaient une clientèle plus friande

de coups de bâton que de coups d'épée, et de
polissonneries rimées à la diable que de sa-
vantes tirades sur les passions humaines.
Nous les avons vus obtenant un arrêt royal
qui interdisait à Francisque le dialogue ; nous
avons vu aussi comment Piron sut tourner la
difficulté en inventant les monologues en trois
actes. Un nouvel édit défendit alors à la
foire de donner des comédies par dialogue
ou monologue.

Ce fut alors que Fuselier inventa les écri-
teaux.

Au lever du rideau, on voyait descendre du
cintre une sorte de cartouche de toile roulé sur
un bâton, et sur lequel étaient tracées en gros
caractères les paroles du couplet avec le nom
de l'acteur qui aurait dû le chanter.

Deux enfants habillés en amour le dérou-
laient sur un des côtés de la scène et le suppor-
taient de façon à ce que le public ne perdît
pas un mot ; puis l'orchestre jouait l'air, les
spectateurs chantaient eux-mêmes ce qu'ils
voyaient écrit sur le cartouche, et l'acteur faisait les gestes.

La rigueur royale ne tint pas devant cette

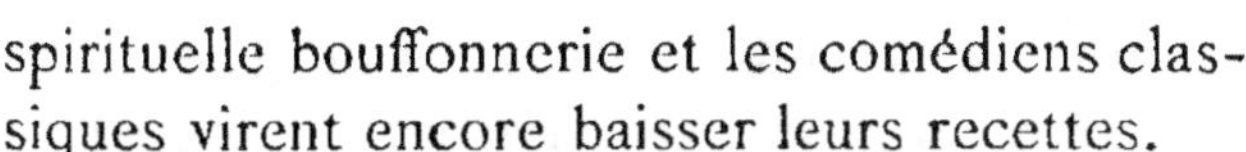

spirituelle bouffonnerie et les comédiens classiques virent encore baisser leurs recettes.

Fuselier ne fit pas fortune à amuser les
faubourgs, et il aurait passé une triste vieillesse
si, quelques années avant de mourir, et on ne
sait par quelle influence, il n'avait obtenu le
privilége du *Mercure*, journal officiel des
inepties littéraires.

LA BRUÈRE

Charles-Antoine Leclercq de La Bruère,
né à Crépy-en-Valois en 1714, n'avait de
commun avec Fuselier, son associé dans le
privilége du *Mercure*, que les bénéfices du
journal.

Tandis que Fuselier était gros, tapageur,
simple, aimant la farce crue et épicée, La
Bruère était un jeune musqué, mince, délicat,
présomptueux, dévoué au madrigal et au vers
sucré.

Il avait tenté une histoire de Charlemagne,

dans laquelle il peignait le grossier Teuton avec des couleurs tendres, ce qui ne réussit pas, même dans les alcôves. Puis il avait fait l'opéra de *Dardanus*, son œuvre capitale, qui ne manquait, disait-on, ni de mérite ni de goût, ce que personne, aujourd'hui, n'aurait l'envie de contrôler.

Ce blond élève d'Apollon et de Minerve ne fut pas fort goûté à Paris : Voltaire, qui l'aimait beaucoup, sans doute pour des motifs étrangers aux belles lettres, tenta de le faire entrer à la Cour de Prusse, et s'écriait dans un curieux accès d'indignation : « Il est bien triste qu'avec ses talents, il ait besoin de sortir de France. »

SAURIN PÈRE

Joseph Saurin avait soixante-quatorze ans : c'était un méridional ardent et imprudent, l'un des plus beaux génies du Siècle des grandes choses, et qui avait passé sa vie dans la lutte et l'amertume. C'était un esprit altier, dur et inflexible, mais d'un libéralisme effréné, ce qui avait écarté de lui et la fortune et les amis.

Par contre, les jésuites et la police ne le laissèrent pas respirer à son aise un seul jour : en Suisse, où il créait l'horlogerie, on provoque contre lui une odieuse accusation de vol ; à Paris, où il se réfugie, et où l'Académie des Sciences est obligée de lui ouvrir ses portes, ses ennemis ne cessent de le poursuivre, et on lui reproche d'être l'auteur des couplets de Rousseau ; il reste 79 jours en prison, et, quand l'opinion s'émeut, le Parlement est forcé de le relâcher et de condamner Rousseau à lui payer 4,000 livres de dommages ; naturellement Rousseau ne paya rien, et Saurin en fut pour son séjour au Châtelet.

C'était un grand savant, aigri par tant d'injustices et d'infortunes, mais bon, simple et honnête, comme il convient aux persécutés. Voltaire l'aimait, et avait grand goût à son intimité :

> Les soirs, *le vieux Saurin*
> *Qu'on ne peut définir, ce critique, ce sage,*

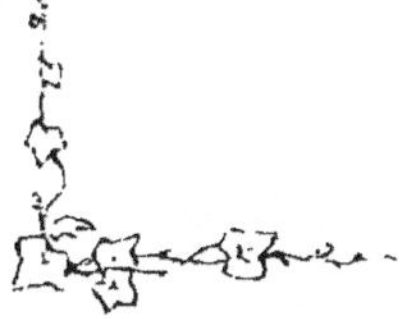

Qui des vains préjugés foule aux pieds l'esclavage,
Qui m'apprend à penser, qui rit du genre humain,
Réchauffe entre nous deux les glaces de son âge.
De son esprit perçant la sublime vigueur
Se joint à nos chansons ..

Il parut peu au Caveau, dont il était le doyen, mais il avait plaisir à y oublier, au milieu des rires francs et des joyeux épanchements, l'injuste suite de persécutions qui avait empoisonné sa vie. On l'y accablait de prévenances et de soins, et ces aimables soirées aidaient le vieillard à porter le lourd fardeau de ses anciens souvenirs.

SAURIN FILS

Collé fut le parrain de Saurin fils au Caveau ; il l'avait connu dans les salons de Mme de Tencin.

Saurin, qui avait vingt-sept ans, n'avait encore rien produit, et ne songeait à rien produire : il était avocat, poète et bohême, sans

grandes ressources, mais fort gentil compagnon, bon convive, bon ami, plaçant un bon
dîner fort au-dessus des triomphes dramatiques.

Plus tard, il se donna corps et âme au
théâtre, fut sifflé avec rage et applaudi avec
frénésie, ce qui fut également injuste, car il
n'a pas plus mérité les rigueurs du parterre
que l'admiration enthousiaste de Voltaire, qui
trouve les vers de *Spartacus* frappés à l'en-
clume du grand Corneille.

Ce fut un brave garçon et un poète aimable :
il trouva des amis qui lui rendirent la vie facile,
et il sut leur en être reconnaissant, ce qui est
la note d'un grand caractère, surtout au XVIIIe
siècle.

Voltaire qui, dans sa correspondance, ne
ménage pas l'hyperbole aux gens qui lui con-
viennent, l'appelle son cher philosophe, philosophe avec de l'esprit et du génie, philosophe
avec de la sensibilité. Il lui écrit :

> *Votre femme doit voir en vous*
> *Le modèle des bons époux,*
> *Le modèle des bons poètes.*
> *Si les enfants que vous lui faites*
> *De vos écrits ont la beauté,*

Nul homme en sa postérité
Ne fut plus heureux que vous l'êtes.

Saurin fut le seul des membres du Caveau qui célébra en vers cette joyeuse assemblée de bons vivants :

Je rappelle souvent à mon esprit charmé
Ce Caveau, malgré nous, bientôt trop renommé,
Dont enfin nous chassa la bonne compagnie ;
J'entends celle qui prend ce nom :
Où, présidant sans flatterie,
L'amitié nous donnait le ton.

DUCLOS

Ce fut Piron qui amena Duclos chez Landel. Duclos, ou plutôt Charles Pineau, pour lui laisser son vrai nom, était un jeune Breton de vingt-neuf ans, d'une bretonnerie affectée, entêté, tenace et orgueilleux, comme doit l'être tout Armoricain qui se respecte.

Il était connu surtout comme un solide pilier de café, avait plusieurs fois rossé le guet

avec éclat, et avait perdu toute une petite fortune, en tripotant le papier de Law.

C'étaient là des titres suffisants pour être reçu dans le joyeux cénacle, surtout si on y ajoute un caractère bon et simple dans l'intimité, de l'esprit, de la franchise, et des manières vives et enjouées.

Plus tard, il se rangea, devint maire de son pays, et membre de l'Académie. Cette assemblée caduque n'eut pas d'ailleurs à se reprocher de l'avoir choisi, car il a contribué autant que son ami Piron à la sauver de l'oubli.

Pendant que l'un, du dehors, la criblait de railleries mordantes, l'autre, au dedans, y lançait de fières apostrophes, qui parfois réveillaient son honneur endormi.

Un jour que le maréchal de Belle-Isle, qui savait bien qu'on n'avait pas à se gêner avec elle, faisait demander à faire faire par son écuyer ses visites de candidat, Duclos, outré, s'écria que les tyrans ne faisaient pas les esclaves, mais que les esclaves faisaient les tyrans. Le maréchal ce jour-là en fut pour son impudence.

Quand Piron se présenta, et que le pudique La Chaussée, rougissant et baissant les yeux, rappelait la terrible *Ode à Priape* : « S'il y avait eu, lui répartit Duclos, une Académie dans l'ancienne Rome, aurait-on refusé d'y admettre Virgile à cause de ses églogues, Horace à cause de ses vers polissons, Ovide à cause de l'*Art d'aimer* ? » Et il enleva ce jour-là encore le vote de ses collègues : il est vrai que le Roi refusa de le ratifier.

Toutefois, il convient d'ajouter qu'à côté de ces chevaleresques élans, il n'ignorait pas la valeur d'une louange bien lancée, fût-elle un peu raide : ainsi, un jour, il eut l'audace d'appeler Louis XV un héros, et celui-ci, quand il fut revenu de son étonnement, le nomma son historiographe, avec une pension de deux mille livres.

Le Roi Soleil avait imaginé cette charge aussi honorifique que peu fatigante : son état de maison, quand il partait en guerre, comprenait deux historiographes, qui prenaient rang entre ses maîtresses et ses cuisiniers. Les premiers titulaires de l'emploi furent Racine et Boileau. Il est vrai que, pendant toute la guerre de Hollande, on n'a trace de l'écriture des deux poètes que sur le registre où ils émargeaient leurs émoluments. Boileau, à qui certains honnêtes gens, je ne puis comprendre pourquoi, trouvent des velléités de libéralisme, disait pour s'excuser que, s'il n'avait rien écrit, c'est parce que jamais il n'aurait pu élever son style à la hauteur de la majesté du sujet.

Duclos, lui, fit une préface, et s'en tint là : il avait succédé à Voltaire qui n'avait rien fait du tout; il cédera la place à Marmontel qui n'en fera pas davantage : allons, tant mieux!

GENTIL-BERNARD

Qui pourrait avoir idée de Pierre-Joseph Bernard, né à Grenoble en 1708, si Voltaire n'avait accolé à ce nom prosaïque la gracieuse épithète de gentil ?

Dans ce pays trois Bernard sont connus :
L'un est ce saint, ambitieux reclus,

Prêcheur adroit, fabricateur d'oracles.
L'autre Bernard est l'enfant de Plutus,
Bien plus grand saint, faisant plus grands miracles;
Et le troisième est l'enfant de Phœbus,
Gentil-Bernard, dont la muse féconde
Doit faire encor les délices du monde,
Quand des premiers on ne parlera plus.
De ces trois Bernard que l'on vante,
Le premier n'a rien qui me tente,
Il dînait mal, et souvent tard;
Mais mon plaisir serait extrême
De dîner chez l'autre Bernard
Si j'y rencontrais le troisième.

Bernard, l'homme à bonnes fortunes, le chantre de l'art de jouir, s'était conduit en brave pendant la campagne d'Italie.

Le maréchal de Coigny, qui prisait sa bravoure, mais doutait de sa vocation de poète, voulut l'empêcher de faire des vers. Il résista, donna sa démission de guerrier, et se livra à Rameau, qui lui fit construire l'opéra de *Castor et Pollux*.

Bernard, qui n'avait pas grande confiance dans l'enthousiasme du musicien, exigea que paroles et musique fussent soumis à la critique du Caveau; une répétition générale eut lieu après dîner, et le Caveau à l'unanimité condamna les deux auteurs à refaire leur ouvrage.

Ils s'y soumirent de bon cœur, et présentèrent au public, au lieu d'un méchant livret, une œuvre de talent qui a tenu la scène pendant un demi-siècle.

Le succès de cette pièce rendit Bernard tout-à-fait à la mode : il était de toutes les réunions où l'on trouvait les femmes élégantes et les nobles débauchés.

Il composait un grand poème, l'*Art d'aimer*, qui devait faire révolution dans le monde galant, et il en lisait volontiers des fragments voluptueux. On le comparait à Ovide, auquel du reste Bernard lui-même se trouvait fort supérieur :

> *Suivez Ovide, osez dicter ses lois ;*
> *Mais de son art épurez le système.*
> *Il parle aux sens, et nous redit cent fois*
> *Comme on jouit, et non pas comme on aime.*

Pendant trente ans, l'œuvre fut critiquée, louée, discutée dans les boudoirs, entre les

fleurs et les parfums, sur la carte du Tendre :
c'était pendant le temps où on se passionnait
pour ou contre le *Catilina* de Crébillon.

Or, personne ne pouvait dire avoir jamais
lu ni l'*Art d'aimer*, ni *Catilina*, par cette raison
bien simple qui ni l'un ni l'autre n'avaient vu
le jour.

Cela ressemblait à une plaisanterie. Tout à
coup, et en quelques jours, Crébillon bâcle sa
grande tragédie, Bernard son *Manuel de jouis-
sance*, et les deux chefs-d'œuvre vont mordre
la poussière.

Voltaire, rageant d'avoir tant vanté sans
l'avoir lue l'œuvre délicieuse et divine de son
gentil protégé, s'écriait : « Ce pauvre Bernard
était bien sage de ne pas publier son poème :
c'est un mélange de sable et de brins de paille
avec quelques diamants très-joliment taillés. »

A soixante-trois ans, le secrétaire de l'Amour
paya chèrement ses exploits amoureux : il
tomba en enfance, à la suite d'excès que
son âge ne pouvait plus supporter, végéta
pendant quelques années dans un état complet d'hébétement et de démence, et mourut
usé et idiot.

Mais que mon cœur éprouve un sensible tourment,
    Quand je me rappelle l'image
De ce gentil Bernard que nous pleurons vivant,
    Et qui de nous fut le plus sage.
O vain esprit de l'homme ! ô faiblesse ! ô néant !
De l'auteur de Castor quel est donc le partage !
D'une pitié stérile objet humiliant,
Victime de l'amour, dont il chanta l'empire,
    Ce n'est plus qu'un fantôme errant,
    Qu'une vaine ombre qui respire,
Étranger à son mal, moins il le sent, hélas !
    Plus nous plaignons son infortune :
Notre douleur s'accroît des maux qu'il ne sent pas.

DE MONCRIF

De Moncrif, qu'on appelait Minet dans l'intimité, à cause de son *Histoire des Chats*, était le membre le plus aimable et le plus gracieux du Caveau. La gentille abeille du Parnasse,

    Muse aimable, muse badine,
    Esprit juste et non moins galant,

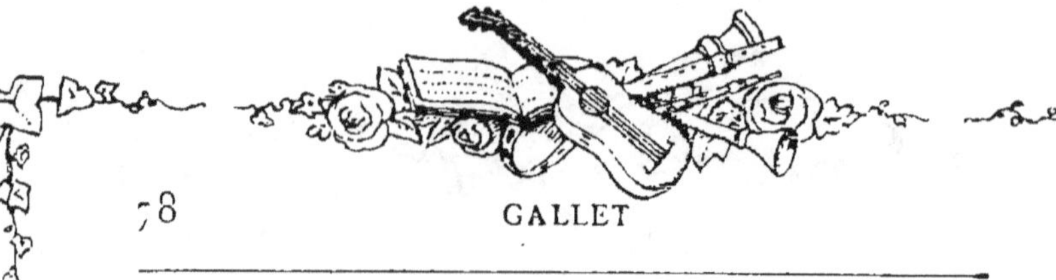

avait une figure charmante, beaucoup d'esprit naturel, et une humeur égale et douce.

Moncrif était réellement célèbre par sa force à l'escrime. Il affectait d'être dévot, parce que cela était déjà de fort bon ton, mais cela ne l'empêchait pas d'être en même temps un sceptique d'esprit, et le Théâtre Français fut forcé de refuser une comédie qu'il présenta en 1722, et qu'il avait émaillée de plaisanteries sur la religion.

Puis, comme on ne joue pas impunément avec les pratiques de dévotion, il finit par y croire de bonne foi, et devint l'homme d'église le plus complet de son siècle ; ce qui lui valut d'ailleurs la charge de secrétaire de l'abbé de Clermont, puis celle de lecteur de la Reine, puis les ciseaux de la censure, puis un fauteuil d'académicien.

De Moncrif publia une *Histoire des Chats*, qui stupéfia le monde lettré ; c'était une œuvre si ridicule, si pédantesque et dans le fond et dans la forme, qu'on ne voulut pas admettre qu'il l'eût faite sérieusement, et qu'on décida qu'il s'était moqué du public. L'*Histoire des Chats* fut considérée comme une simple im-

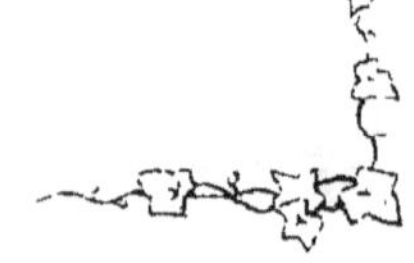

pertinence, et Moncrif resta homme d'esprit comme devant.

HELVÉTIUS

Ce fut encore dans les salons de Mme de Tencin que Collé connut Helvétius, un enfant de dix-huit ans qui arrivait de province, mais qui se faisait déjà remarquer dans ce milieu tout parisien par l'exquise distinction de ses allures, et sa manière noble et discrète.

Les deux jeunes gens se lièrent, ainsi qu'il arrive souvent, par la diversité même de leurs caractères : Collé était compassé et amphigourique, Helvétius sobre et simple.

Helvétius est la note aristocratique du Caveau. Son grand'père, un médecin fameux, était venu de Hollande à la cour de Louis XIV, et avait reçu du grand roi des lettres de noblesse : son père avait eu la chance de sauver Louis XV enfant d'une maladie dangereuse.

Helvétius était admirablement doué : il

maniait l'épée comme Bussy, et dansait comme Bathylle ; il parlait le grec couramment.

Il a eu deux passions absorbantes : l'amour effréné des femmes et l'envie furieuse de faire le bien. Son étoile le servit d'ailleurs merveilleusement en cela, et il put satisfaire sans réserve ces deux fantaisies coûteuses, car à vingt-trois ans, il devint fermier général avec 300,000 livres de revenu.

Il jouit de ce rare privilége, que ses nombreux amis ne l'aimèrent pas seulement à cause de son argent, mais aussi à cause de lui-même, et que, dans les jours difficiles, il les vit tous, excepté Collé, se grouper courageusement autour de lui.

Un jour, guidé par les inspirations généreuses de sa nature droite et franche, il fit un livre : l'*Esprit*. Il osait faire la leçon aux classes dirigeantes, et il montrait la dangereuse immoralité d'un état social qui sacrifiait le bonheur du peuple aux appétits déréglés des grands. Il avait écrit comme il pensait, en honnête homme, sans effort, et sans se douter qu'il faisait œuvre d'hérétique et de révolutionnaire.

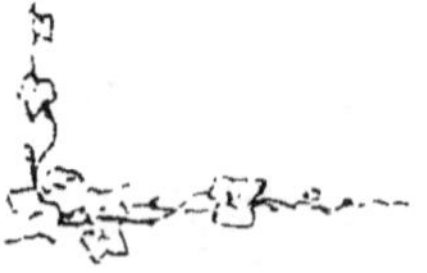

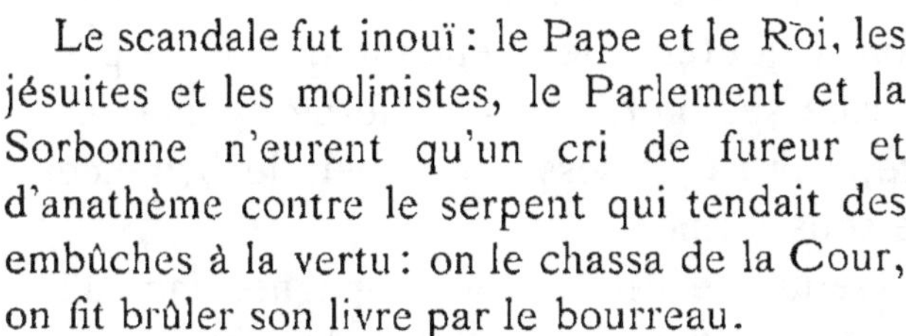

Le scandale fut inouï : le Pape et le Roi, les jésuites et les molinistes, le Parlement et la Sorbonne n'eurent qu'un cri de fureur et d'anathème contre le serpent qui tendait des embûches à la vertu : on le chassa de la Cour, on fit brûler son livre par le bourreau.

Tout ce bruit n'intimida pas le philosophe ; mais les jésuites s'étaient chargés d'obtenir de lui une rétractation humiliante : ils épouvantèrent sa mère, et Helvétius, qui s'était moqué des menaces et de la torture, faiblit et céda devant des larmes.

« On m'a parlé, s'écrie Voltaire, d'une rétractation : je n'y sens rien que d'honorable à celui qui l'a faite : honneur et gloire au persécuté dans ces sortes de tyrannie ! »

Collé, lui, s'empressa de tourner le dos à son ancien ami ; il faut entendre le valet du duc d'Orléans parler dédaigneusement du courageux écrivain : « C'est sa propre faiblesse, dit-il, plus que les pleurs de sa mère, qui lui ont fait prendre un parti blâmé de tous les gens qui pensent. Plus son livre paraît ferme, et plus une conduite faible et de femmelette le couvre de ridicule : ou il fallait ne pas donner son livre, ou il fallait le soutenir. » Il est bon d'ajouter que, pendant que l'un, par sa hardiesse, perdait une ferme générale, l'autre, par sa bassesse, obtenait le bénéfice d'une sous-ferme.

Helvétius se retira à la campagne, dans un château magnifique, où il passa le reste de sa vie, adoré des paysans qu'il comblait de bienfaits.

> *C'est le maître de l'Ermitage,*
> *Le très-heureux époux d'une heureuse moitié*
> *Qu'exprès pour lui le Ciel embellit et fit naître ;*
> *Vrai philosophe marié,*
> *Mais point du tout honteux de l'être ;*
> *C'est lui qu'on a vu dans un siècle pervers*
> *Où Plutus est le dieu suprême,*
> *Noblement se borner lui-même,*
> *Et, mettant l'avarice aux fers,*
> *Par une retraite honorable,*
> *Se donner le rare travers*
> *De n'être pas insatiable.*

RAMEAU

Rameau, un Bourguignon, âgé de cinquante ans, vint tout naturellement au Caveau, conduit par Piron, son ami et son compatriote.

C'était, dit un chroniqueur du temps, un grand homme sec et maigre, qui n'avait point de ventre, et qui, comme il était courbé, se promenait au Palais-Royal, toujours les mains derrière le dos, pour faire son aplomb ; il avait un long nez, un menton aigu, des flûtes au lieu de jambes, la voix rauque. Il paraissait être de difficile humeur : à l'exemple des poètes, il déraisonnait sur son art.

La lutte entre musiciens, harmonistes ou mélodistes, était alors aussi vive et passionnée qu'entre poètes : si on se battait pour Voltaire ou Crébillon, on en venait facilement aux mains pour Rameau ou les Italiens.

« Notre bonhomme Rameau, s'écriait Piron, avec la plus petite dose de son gros sens commun, tout brut et sans manége, n'a-t-il pas de son seul génie, écrasé tous les troubadours de Provence et d'Italie ? »

C'était un excellent homme, mais un fort vilain coucheur, que ce grand musicien : en dehors des trilles et des flattés, il ne comprenait rien, et ne désirait rien comprendre ; un jour, en visite chez une dame, il saisit un petit chien qu'elle avait sur les genoux, et le jette par la fenêtre.

« Eh! que faites-vous ? crie la dame épouvantée.

— Il aboie faux. »

Le moindre insuccès le mortifiait si fort, qu'un jour que le parterre avait applaudi la pièce d'un de ses concurrents, il jura en public de ne plus jamais travailler.

Il ne put jamais admettre que le poème fût pour quelque chose dans le jeu d'un opéra.

« Tout musicien est une bête, écrivait un de ses amis : c'est une règle générale à laquelle je n'ai guère vu d'exception, et c'est Rameau, homme de génie dans son art, mais bête brute d'ailleurs, qui le premier a amené en France la mode de sacrifier à la musique l'action d'un poème, le sens d'un rôle et même le sens

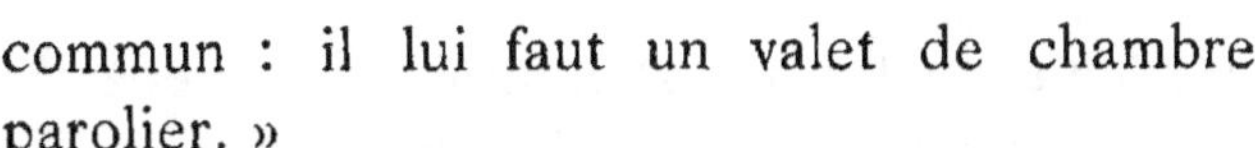

commun : il lui faut un valet de chambre
parolier. »

En dehors de ses extravagances musicales,
il était d'un commerce doux, vivait effacé et
modeste : il a été, à cette époque de jalouses
rivalités, l'ami de tout le monde : il collaborait
avec les Crébillonais, aussi bien qu'avec
Marmontel et Voltaire. Il ne put jamais faire
entendre à ce dernier une note de musique,
pas plus du reste que Voltaire ne put lui faire
comprendre la beauté d'un de ses vers : de
sorte qu'en faisant un opéra ensemble, ils fi-
nissaient par se battre, tout en parlant d'harmonie.

BOUCHER

Voici enfin, et pour clore la liste des membres fondateurs du Caveau, François Boucher,
le jeune peintre des grâces mignardes et des
amours bouffis, qui avait si bien compris le
besoin de son siècle, qu'à peindre des chéru-
bins aux rondeurs excitantes et des nymphes

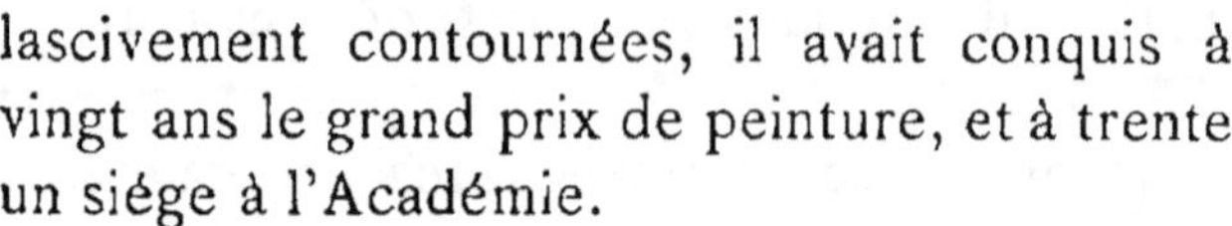

lascivement contournées, il avait conquis à vingt ans le grand prix de peinture, et à trente un siége à l'Académie.

Il fréquentait les filles d'opéra et la haute finance et était déjà tellement vidé par le vin et les femmes, qu'il avait l'air d'un spectre.

Il méprisait l'art profond, et quand on l'envoya à Rome pour y étudier les grands maîtres italiens, il y borna son séjour à quelques semaines, et revint en disant qu'il n'avait rien à apprendre ou à gagner à leur contact : en somme, et à son point de vue, il avait raison.

Tels étaient les seize membres fondateurs et attitrés du Caveau ; en dehors d'eux, il convient cependant de citer Segonzac, Jèlyotte et Panard qui y vinrent moins assidûment et seulement à titre d'invités.

SEGONZAC

Segonzac, ami intime de Collé, était un très-honnête homme, très-sensible, très-gai et aimant le plaisir à la fureur.

> *Segonzac qu'avant tout je nomme,*
> *Du dieu de la vendange aimable favori,*
> *Et de nos premiers ans le compagnon chéri,*
> *Qui seul de la gaîté te disputait la pomme,*

dit Saurin à Collé, dans son épître si connue.

Segonzac poussait le culte et l'adoration du champagne jusqu'à leurs dernières limites; il tirait gloire de s'en griser, et épiait toute occasion de le faire. Ses amis l'y aidaient volontiers, car il avait le vin singulièrement agréable, et plus il s'excitait, plus il devenait tendre. Un soir, à souper, il voulut forcer les convives à partager le peu d'argent qu'il avait, et il n'en démordit point, quoi qu'on lui représentât : il fallut accepter.

JÈLYOTTE

Pierre Jèlyotte, de Toulouse, un rossignol gascon, avait la réputation incontestée d'être le premier chanteur de Paris.

Nous possédions le dieu du chant,
Jèlyotte était notre Orphée ;
Et quand, parlant tous à la fois,
Sous un vain bruit de voix la raison étouffée
Ne pouvait réclamer ses droits,
Il chantait, et soudain à sa douce harmonie,
Plus farouche souvent que les monstres des bois,
L'amour propre laissait désarmer sa furie,
Nous étions tous d'accord pour admirer sa voix.

Jèlyotte avait une voix merveilleuse, mais peu de goût musical, et il était atteint d'une maladie qui désolait fort le père Rameau : il surchargeait la mélodie d'une multitude d'ornements, de sorte qu'il n'y avait rien de plus curieux que de le voir chanter devant Rameau : chaque fois que le chanteur enjolivait une mesure, le musicien pestait et faisait des gestes désordonnés, si bien qu'il finissait par

quitter la table, en fureur, et jurant de ne plus revenir.

PANARD

Il serait impossible de peindre Panard au physique et au moral mieux qu'il ne s'est peint lui-même dans les vers suivants, adressés à un de ses amis :

Cher ami, si tu le permets,
Je vais de mon tableau t'ébaucher quelques traits :
J'ai passé la saison féconde
Où l'astre de nos jours est dans sa vive ardeur
Mon automne, à sa fin, embrunit mon humeur,
Et déjà l'aquilon, qui sur ma tête gronde,
De la neige y répand la fâcheuse couleur.
Mon corps, dont la stature a cinq pieds de hauteur,
Porte sous l'estomac une masse rotonde
Qui de mes pas tardifs excuse la lenteur.
Peu vif dans l'entretien, craintif, distrait, rêveur,
Aimant sans m'asservir, jamais brune ni blonde,
Peut être pour mon bien, n'ont captivé mon cœur.
Chansonnier sans chanter, passable coupleteur,
Jamais dans mes chansons on n'a rien vu d'immonde.
Soigneux de ménager, quand il faut que je fronde
(Car c'est en censurant qu'on plaît au spectateur),
Sur l'homme en général tout mon fiel se débonde;

Jamais contre quelqu'un ma muse n'a vomi
Rien dont la décence ait gémi,
Et toujours dans mes vers la vérité me fonde.
D'une indolence sans seconde,
Paresseux, s'il en fut, et souvent endormi,
Du revenu qu'il faut je n'ai pas le demi.
Plus content toutefois que ceux où l'or abonde,
Dans une paix douce et profonde,
Par la Providence affermi,
De la peur des besoins je n'ai jamais frémi ;
D'une humeur assez douce et d'une âme assez ronde,
Je crois n'avoir point d'ennemi ;
Et je puis assurer qu'ami de tout le monde
J'ai, dans l'occasion, trouvé plus d'un ami.

Comme poète et littérateur, Collé en a fait un éloge aussi juste que complet :

« M. Panard est sans difficulté le plus grand chansonnier que jamais la France ait eu, et que peut-être jamais l'on verra ; il joint la force à l'élégance ; il a la précision et la clarté en même temps, la gêne des rimes les plus recherchées et les plus riches, sans nuire au naturel et à la naïveté. Dans ses couplets l'esprit vient toujours se placer de lui-même, tandis que les autres chansonniers paraissent courir sans cesse après et le manquent souvent ; chez lui l'épigramme est toujours naïve ; ses

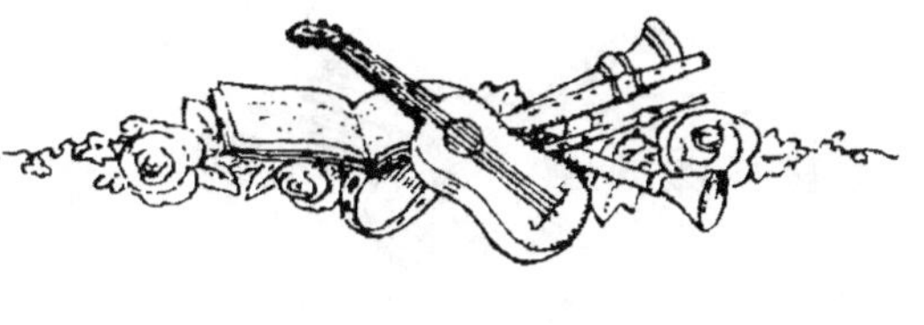

peintures sont toujours vraies et piquantes, sans s'éloigner jamais de cette simplicité précieuse qui fait le charme du vaudeville et de la chanson; c'est une expression originale, c'est le mot propre, un vers serré, point de cheville; enfin, c'est le plus grand talent que j'aie jamais connu. Les Haguenier, les Vadé, les Favart même sont à une distance bien éloignée de lui pour le vaudeville : il en est le dieu. »

Panard était le meilleur des hommes, gai, franc et loyal; mais son goût irrésistible pour la vie obscure et retirée, une modestie outrée et sa timidité l'écartaient de toutes les réunions bruyantes, bien qu'on ne se lassât pas de l'inviter.

Aussi, et quoi qu'on en ait dit, ne fit-il jamais partie du Caveau : non-seulement il n'en était pas membre régulier, mais il n'y fit que de très-rares apparitions, amené de force par Gallet, et cessa complètement d'y aller quand on en chassa son ami.

La légende du *Verre de Panard* qui avait la mesure exacte d'une bouteille de bordeaux, que Panard vidait d'un seul trait, est sortie de l'imagination d'Armand Gouffé, qui rendit là un singulier hommage à son maître en chansons.

Panard, le chopineur par excellence, buvait à petits coups du vin de Suresnes sur le comptoir des marchands de vin, en regardant passer les commis et les grisettes, et en cherchant un couplet.

Du reste, quand M. Roll, en 1843, offrit pompeusement le verre de Panard au Caveau, il déclara le tenir de Ducray Duminil, qui l'avait reçu lui-même de Laujon.

Or, Laujon, qui a fourni les notes les plus précises et les plus authentiques sur la fondation du Caveau, ne fait mention du nom de Panard, ni dans la nomenclature qu'il a dressée des membres fondateurs, ni même dans les récits qu'il fait des réunions; et Laujon n'aurait pu faire une telle omission, surtout si Panard lui avait légué son verre.

Que, dans les banquets du Caveau moderne, cette glorieuse relique reste donc, à la gauche du président, mollement étendue dans son étui de maroquin; mais qu'il soit bien entendu aussi que le bon Panard ne faisait pas d'aussi magistrales lampées.

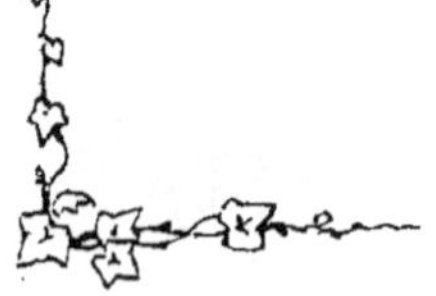

VII

Le cabaret de Landel, qui avait été choisi par Collé et Piron pour remplacer l'arrière-boutique de la rue de la Truanderie, était loin d'avoir à ce moment la réputation de taverne littéraire qui devait, très-peu d'années plus tard, le rendre célèbre.

C'était une gargotte de second ordre, une *arche de Noé*, où l'on donnait à manger pour

dix-huit sous : on y vendait le vin dans des
pintes de plomb estallonnées avec le contrôle
du prévôt des marchands, suivant l'ordonnance
de Louis XIV ; bien souvent, le cabaretier
était obligé de pousser toute sa clientèle de
porte-faix, de soldats et de gadouards, ivres
d'eau-de-vie et de tabac, dans une petite cour
sale, où il attendait patiemment la fin des
horions pour demander le prix de l'écot.

Depuis quelques années cependant, sous
l'habile direction du nouveau patron Landel,
le cabaret borgne était devenu un honnête
restaurant bourgeois : des garçons propres,
avec leur veste serrée à la taille et toujours
ceints d'un linge blanc, y servaient du vin
buvable et des mets humains : la hure cuite
de Troyes et la langue fumée de Vierzon,
l'aloyau juteux et de gras parfum, les pâtés
de thon et la terrine de gibier. On y voyait
le pain mollet à la croûte dorée, et déjà le
punch au champagne et les glaces au beurre
y avaient fait de rapides apparitions.

Landel était actif, éveillé, souple : l'antique
gloire de *la Pomme-de-Pin* troublait ses som-
meils les plus mérités : il s'était juré de devenir

le premier gargotier de Paris, et il travaillait à se tenir parole.

L'année précédente, en 1732, il avait eu déjà un bonheur inespéré : une loge maçonnique s'était installée au premier étage de sa maison ; c'était la loge du carrefour de Bussy, qui s'appela plus tard loge d'Aumont, quand le duc d'Aumont, le célèbre persécuteur de Marmontel, en devint le vénérable.

Après chaque représentation, il ne manquait jamais d'initiés qui, avant de rentrer chez eux, empaumés par les molles exhalaisons de la cuisine, ne s'attardassent autour d'un flacon de bourgogne et d'une poularde luisante ; et Landel avait tant d'orgueil à voir sa maison fréquentée par une aussi noble société que, quand, sur le vin, l'amour remontait,

> *comme sur l'eau,*
> *Remonte la grenouille aussitôt qu'il fait beau,*

il ne laissait pas partir ses hôtes, et amenait lui-même par la main le pauvre Cupidon aveugle.

C'est à cette étape ascendante de sa gloire

qu'il reçut la visite de la troupe enluminée de nos amis. Panard et Piron avaient été effrayés au premier abord ; ils craignaient les grands prix, non par avarice, mais par faute d'argent ; mais quand Landel eut fixé à deux livres le prix du repas, et qu'il eut ébauché le menu, ajoutant qu'il serait fier de perdre un peu du vil métal pour honorer les lettres, ils se rallièrent avec enthousiasme à Collé et à Crébillon qui avaient été conquis du coup ; Crébillon surtout, à qui Landel avait promis à l'oreille des huîtres à discrétion. Landel offrit une bouteille d'Ay rosé de 1708 : on en accepta cinq, et chacun partit en lui promettant des vers.

VIII

Le premier dîner, offert à Gallet, fut présidé par le père Crébillon ; il avait Gallet à sa droite et Panard à sa gauche ; puis s'assirent sans ordre déterminé Collé, Crébillon fils, Fuselier, Piron et le jeune Saurin.

On se mit à table vers trois heures et demie, et on en sortit vers minuit : le repas avait été splendidement ordonné, si bien que Fuselier, au dernier service, réclama « l'auteur. »

Landel parut, salua modestement, fut acclamé et prit place.

Crébillon vieux voulut improviser un toast à Gallet en alexandrins : au deuxième vers de treize pieds, on le fit asseoir.

Gallet chanta l'*Hirondelle de Carême*, et fut bissé ; mais il avait eu tant de mal à arriver au bout de la chanson, que, quand il voulut recommencer, on l'excusa.

Collé voulut dire un amphigouri de sa composition ; mais, au bout d'une minute, on l'arrêta, en demandant quel châtiment on pourrait lui infliger.

« Il faut lui faire boire un verre d'eau, » s'écria Piron.

« — Et, ajouta sentencieusement le président Crébillon, ce sera désormais la punition de toute œuvre injuste ou niaise. »

La motion fut votée à l'unanimité et installée comme article Ier du règlement du Caveau.

Piron fut resplendissant et savoureux : à dix heures, il chanta l'*Ode à Priape* : « c'est un de mes amis, un Bourguignon, qui en a fait la musique ; je vous le présenterai, » dit-il en terminant.

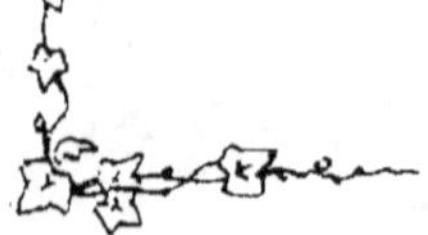

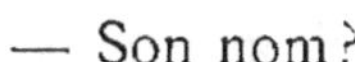

— Son nom?

— Rameau.

— « Il deviendra arbre séculaire, » dit Crébillon jeune, à qui on fit boire un verre d'eau.

Landel fut très correct : il parla vins, et vanta sa cave ; et comme il émettait sur les différents crûs des appréciations osées, on le mit en demeure de prouver, et il prouva. On parcourut la Bourgogne avec Chambertin et Romanée ; on doutait de Bordeaux, dont la jeune splendeur naissait ; il fit voir Margaux et Grave : puis ce fut une course folle dans les pays chauds, Pacaret d'Espagne, Samos du soleil hellène, Madère, fille des mers ; mais Landel avait réservé pour la fin les plus purs de ses trésors, et l'Ay rosé de 1708, l'Avenay de 1711, et un Mareuil blanc plus vieux que Crébillon père, emportèrent avec le reste de leur raison les suffrages de tous les buveurs.

Fuselier eut le mot de la fin : « Le champagne est préférable à tous : je sais que les avis sont partagés depuis longtemps ; mais, je le proclame hautement, ma voix est au champagne. »

On se sépara fort satisfaits ; Landel avait fait venir une chaise à porteurs pour Crébillon père : « Mes enfants, dit-il aux deux Limousins qui y étaient attelés, faites doucement : vous portez la gloire de la France... au Marais, rue des Douze-Portes. »

Il avait été convenu que les réunions auraient lieu deux fois par mois, le 1er et le 16; pendant les six années que dura le Caveau, c'est à peine si le dîner fut contremandé deux ou trois fois par an; mais l'heureuse cordialité des premiers jours ne dura, hélas! pas bien longtemps.

On ne tarda guère à former deux camps : d'un côté la franchise et la joyeuse bonhomie, Gallet, Piron, Fuselier, les Crébillon; ceux-ci continuaient chez Landel ce qu'ils avaient fait chez Gallet : boire et chanter; de l'autre, l'afféterie et l'odieux comme il faut, Collé, la Bruère, Moncrif et Bernard : ceux-là voulaient jouer aux gentishommes de lettres, et rêvaient l'Académie à table.

Les nouvelles recrues n'avaient pas peu

contribué à creuser l'abîme ; et rarement, malgré la peine infamante du verre d'eau, on se levait de table sans qu'il y eût eu échange de mots aigre-doux.

Le camp Gallet affectait peut-être un peu trop une tenue négligée et des propos sans toilette ; mais l'armée de M. Collé, que Piron appelait le camp du Drap-d'Or, ne négligeait aucune occasion d'étaler son luxe et ses moues dédaigneuses.

Les uns ne cherchaient qu'à s'amuser tout leur saoûl, à huis clos, loin du travail et des huissiers. Les autres, qui n'avaient pas ces noirs soucis, songeaient déjà à attirer sur eux l'attention du haut public et posaient.

Déjà on invitait de grands seigneurs, qui croyaient faire aux poètes un honneur sans pareil en venant bêtement ricaner, sans comprendre, autour de la table.

Le bon vieux Panard l'avait bien prévu ; malgré la cordialité du premier dîner offert à son ami, il s'obstinait à ne pas reparaître.

Puis, la gaîté s'en allait : Piron ne se gênait pas pour reprocher à Collé ses allures grotesques de valet du roi ; il déclarait hautement qu'on s'amusait mieux jadis chez Gallet, et qu'il regrettait la rue de la Truanderie.

Quant à M. Collé, il ne cachait plus son dédain profond pour ces grossiers gêneurs ; un jour même, profitant de l'absence de Gallet, il tira violemment de sa poche une lettre qu'il disait avoir reçue du duc d'Antin :

« Oui, s'écria-t-il hors de lui, nous ne sommes pas ici à notre place, nous, gens de qualité ; voyez ce qu'il advient de supporter à sa table un vilain homme comme ce misérable épicier ; en dehors de sa grossièreté et de sa crapule, c'est un usurier et un fripon. M. le duc d'Antin, qui veut m'humilier, affecte de confondre mon nom avec le sien, et il m'appelle Collet, il écrit mon nom avec un *t*, quoiqu'il sache très-bien que je me nomme M. Collé. Il feint de se méprendre, et me met les forfaits de ce voleur sur le dos ; il m'accuse de prêter à la petite semaine. Et le pis est que, comme on nous voit quelquefois ensemble, malgré mon profond dégoût, c'est à peine si je puis me défendre. Qui se ressemble s'assemble ; voilà ce que mes ennemis ne manquent de dire, et ils ont raison : pour votre dignité, et la propreté du Caveau, vous devez écarter ce vil manant avant qu'il n'ait fait banque-route, ce qui ne saurait tarder... »

Collé était si excité, qu'il continua encore longtemps sur ce ton, prodiguant l'injure, accumulant les calomnies :

« Nous avons fait il y a quelques semaines, eut-il l'audace d'ajouter, une partie de campagne avec lui ; il se chargea des frais et ne se contenta pas de gagner son écot; je me fais fort de vous prouver qu'il avait encore de l'argent de reste, en mettant au plus fort la dépense que nous avons faite. »

Comme il arrive trop souvent, les amis de Gallet furent faibles ; c'est à peine s'ils balbu-tièrent quelque défense ; ils demandèrent qu'on ne condamnât pas leur vieux compagnon sans l'entendre, et, comme on faisait mine de leur refuser jusqu'à cette légitime prétention, ils se retirèrent.

Alors, M. Collé eût beau jeu : il rédigea de suite et fit accepter par sa coterie l'odieux billet suivant, qui fut envoyé le soir même à Gallet :

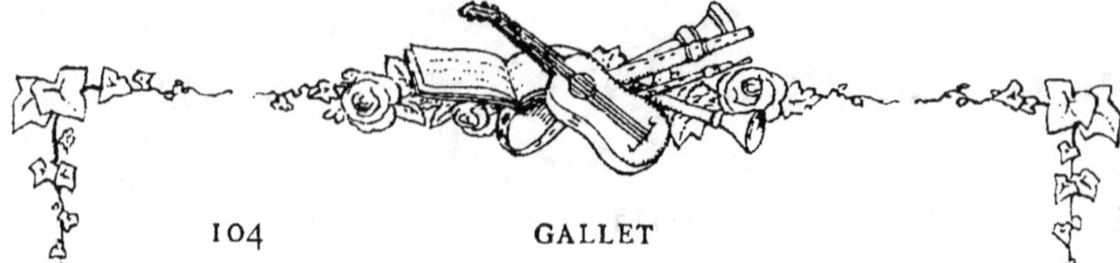

« M. Gallet est invité à se montrer le moins souvent possible au carrefour de Bussy, et est prié de dîner, le 1ᵉʳ et le 16 de chaque mois, partout ailleurs qu'au Caveau. »

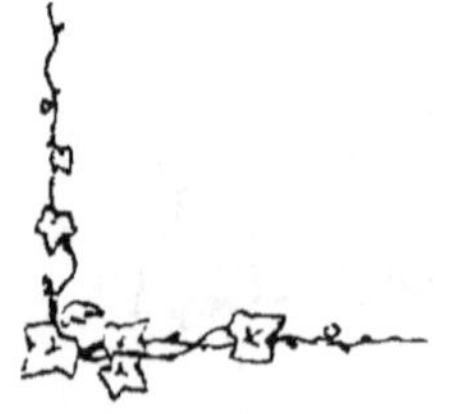

IX

Cette cruelle injustice porta un coup terrible au Caveau : Piron, les Crébillons, Fuselier, n'y parurent plus que fort rarement, sans
plaisir et sans entrain, pour protester contre
l'expulsion inique du pauvre chansonnier ; les
autres, sentant bien qu'ils avaient commis une
mauvaise action, ne faisaient rien pour retenir
les amis de Gallet, qu'ils savaient blessés dans

leur affection, et dont la présence était pour eux une source de regrets et de honte.

Puis, vers cette époque, 1736, Crébillon fils alla habiter l'Angleterre : La Bruère, nommé secrétaire d'ambassade, alla rejoindre son poste ; Bernard, devenu secrétaire général des dragons, dut suivre son chef à l'armée.

A partir de ce moment, M. Collé devint le maître absolu du Caveau ; et, sous son inspiration et par ses soins, rien ne resta plus des anciennes mœurs de l'aimable société : la gaîté vive et piquante fit place à la froide politesse ; aux épanchements intimes, aux chansons gaillardes, aux libres beuveries, succédèrent les doctes discussions, les joûtes philosophiques et le morne cérémonial des agapes de grand ton.

Ce n'étaient plus les dîners à deux livres, avec Landel au dessert ; c'était la table noble, au menu armorié, et où l'on ne paraissait plus qu'en costume de ville, avec l'épée et le bas de soie ; on causait peu, mais on n'y disait que des imbécillités de bon goût ; le vin était rare, mais servi dans des coupes de cristal et d'argent ; quant à l'esprit, il s'était envolé à tire-d'ailes.

Collé, pour atteindre son but, et faire du joyeux Caveau une académie aristocratique, avait appelé, pour remplacer les « grossiers gêneurs », une légion de jeunes auteurs sans talent, mais de belles manières et de relations distinguées, qu'il dominait et qui flattaient sa vanité. C'était Poinsinet et Palissot, l'aimable Monticour, Boissy, Suard et Lanoue, l'heureux auteur de l'atroce tragédie *Mahomet II*. Il convient cependant d'ajouter, pour être juste, qu'il sut y attirer Gresset, le chantre ingénieux et charmant de *Vert-Vert ;* et aussi,

> *Davoust, qu'aucun de nous n'égalait en bonté,*
> *Lussan, dont nous aimions la douce urbanité.*

Un jour, au moment de se mettre à table, le 16 novembre 1739, Collé, très-ému, annonça aux convives que M. de Maurepas lui avait témoigné le désir d'assister à une réunion du Caveau ; qu'il devait honorer le dîner de sa présence pendant quelques instants, et qu'il serait accompagné de plusieurs seigneurs de la Cour.

« C'est là, ajouta-t-il, en tremblant d'or-
« gueil, la juste récompense, non-seulement
« de nos efforts dans la lice littéraire, mais
« aussi de notre bonne tenue ; croyez-vous
« que nous eussions pu prétendre jamais à
« une consécration aussi glorieuse de notre
« société, si nous n'avions extirpé de son sein
« les germes grossiers que nous y avons sup-
« portés trop longtemps, et dont le souvenir
« seul me fait rougir de honte ? Mais ce n'est
« point l'heure des pensées amères ; prenez
« place: Monseigneur a commandé qu'on n'at-
« tendît point son arrivée. »

On laissa quelques siéges libres, au haut
bout de la table, aux places d'honneur, et le
dîner commença, dans le recueillement et l'attente.

Le premier service était à peine terminé,
que M. de Maurepas parut, et avec lui quelques jeunes gentilshommes, échauffés déjà par
la bonne chère, et devisant à gorge déployée,
sans respect.

Collé se précipita à leur rencontre, et,
indiquant les places qui leur étaient réservées:
« Puisque vos seigneuries, dit-il avec emphase,

nous font l'honneur insigne, quoiqu'immérité,
de s'asseoir à notre table.`.... »

Il n'en dit pas davantage : les rires bruyants
et les apostrophes dédaigneuses s'entrecroi-
saient autour de lui :

« Croyez-vous que nous soyions venus
pour trinquer avec des baladins et des bo-
hêmes ?

« Allons, commencez... divertissez-nous ;
nous vous paierons. »

Moncrif, furieux, voulait dégaîner ; on le
menaça du bâton des laquais.

Enfin, M. de Maurepas, homme d'esprit,
rétablit l'ordre : « Mon pauvre garçon, dit-il à
« Collé, vous vous êtes mépris sur le sens de
« ma visite ; j'ai voulu vous faire plaisir en
« cédant à vos pressantes sollicitations, mais
« ni moi, ni ces seigneurs n'avons jamais
« songé à nous mettre à votre table : Monsei-
« gneur d'Orléans, que vous servez avec zèle,
« du reste, personne ne le conteste, rirait trop
« si vous veniez à le lui raconter. »

Puis il se retira avec sa suite, laissant les
convives mortifiés, et Collé suffoqué de honte
et de rage.

« Il est bien heureux que ce fou de Piron ne soit pas ici », murmura Duclos.

« Il serait bien plus heureux qu'il n'en fût jamais sorti », repartit Saurin.

Ce fut la dernière des réunions du Caveau.

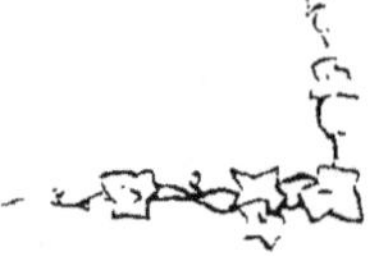

X

Ce serait se méprendre singulièrement, que d'attribuer au Caveau une influence quelconque sur le mouvement littéraire du xviiie siècle ; les membres qui le fondèrent n'avaient ni la prétention de régenter les lettres ou le théâtre, ni le besoin même d'être connus ; ils étaient venus chez Landel sans autre pensée que de s'y divertir en commun, et ce ne fut que deux ou trois ans après, comme nous l'avons raconté, que Collé voulut le transformer en Assemblée savante, ce qui ne pouvait ni ne devait réussir.

Presque tous faisaient des pièces pour le théâtre de la foire, ce qui était, pour des gens d'esprit, le travail le plus lucratif et le plus facile, car le public qui s'y portait en foule n'était pas exigeant, pourvu qu'on le fît rire ; ces pièces étaient presque toujours lues au Caveau avant d'être livrées aux entrepreneurs des théâtres, et chacun, en aidant l'auteur de son approbation ou de sa critique, y apportait sa part de collaboration. Aussi étaient-ils très-jaloux de ces petits succès, auxquels ils attachaient autant de prix que si les pièces eussent été représentées par les comédiens du Roi :

> *Dans ce Caveau, fâcheuse école*
> *Pour les présomptueux talents,*
> *On ne s'érigeait point d'idole ;*
> *Sévères dans nos jugements,*
> *Jamais la perfide hyperbole*
> *Ne prodiguait un faux encens*
> *A celui qu'absent on immole ;*
> *Mais en public, toujours ardents*

A se protéger l'un et l'autre,
On ne savait pas à demi
Se prononcer pour un ami,
Et son succès était le nôtre.

Le Caveau avait ses statuts qui avaient été rédigés par Crébillon fils et Saurin ; les articles du règlement qui méritent d'être mentionnés sont : d'abord la pénitence du verre d'eau, puis la nécessité de recevoir, tour à tour, une épigramme, et enfin la rasade :

« Parlait-on de soi trop longtemps, dit « Rigoley de Juvigny, s'avisait-on de disserter « du ton d'un bel esprit, ou d'entamer un « conte languissant et sans sel, on appelait « aussitôt le garçon traiteur, auquel on versait « rasade, pour boire à la santé du fat, du bel « esprit ou du conteur ennuyeux ; et cette « santé portée terminait la louange, la disser- « tation et le conte. »

Enfin, et pour tenter de donner au lecteur la physionomie exacte de cette réunion unique, tant par le talent que par l'humeur de ceux qui la composaient, nous emprunterons encore au même écrivain les lignes qui suivent :

« Le peu d'encens qu'on y brûlait était tou-
« jours pur. La louange était aussi sévère que
« la critique; on y lisait ses ouvrages, non
« avec l'emphatique impudence de l'orgueil,
« mais avec le ton de la modestie et de la mé-
« fiance de soi-même; on vous écoutait sans
« prévention et l'on vous jugeait sans partia-
« lité; malheur au mauvais ouvrage soumis à
« la censure de ce tribunal! L'appui des
« femmes, quelque puissant qu'il soit, deve-
« nait inutile, et le zèle enthousiaste des prô-
« neurs gagés, interressés ou prévenus, n'en
« imposait point; on ne laissait aucun repos à
« l'auteur, qu'il n'eût, ou tout à fait condamné
« lui-même son ouvrage à l'oubli, ou qu'il ne
« l'eût rendu digne de voir le jour, par les
« corrections indiquées nécessaires. Il fallait
« que l'amour-propre le plus fier se tût; et,
« pour peu qu'il osât se révolter, il était aus-
« sitôt assailli, confondu par une grêle d'épi-
« grammes plus vives les unes que les autres.
« Du reste, l'amitié, si sévère dans l'intérieur
« de cet aéropage, déployait au dehors toute
« sa sensibilité, à la nouvelle d'un succès mé-
« rité. Avec quelle joie il était partagé! De

« quels éloges on accompagnait ceux du pu-
« blic ! Avec quel intérêt, quelle chaleur on
« repoussait les critiques injustes ! Quels soins
« on apportait à excuser et non à soutenir les
« défauts qu'il est quelquefois impossible à un
« auteur d'éviter ! En un mot, il ne s'agissait
« plus de juger, d'éclairer son ami, son rival,
« son concurrent ; il s'agissait de le soutenir,
« de l'encourager, de le défendre et de l'ap-
« plaudir avec le public. Tel était l'esprit de
« cette société, où régnaient une gaîté, une
« franchise, une bonhomie même, dont on ne
« trouvera point d'exemple ailleurs. »

Lorsque Gallet reçut le billet de Collé, il
était à table, avec des marchands de Saint-
Denis qui étaient venus faire des achats de
droguerie ; c'était à cause d'eux qu'il ne s'était
pas rendu, malgré sa ponctualité habituelle, à
la réunion du Caveau. Comme d'habitude, les
affaires terminées, on avait longuement festoyé,
et quand Gallet jeta les yeux sur le papier

qu'on lui apportait, il ne comprit pas, et crut
qu'on voulait seulement lui reprocher d'avoir
manqué à la séance : « Ce pauvre Collé ne
rêve plus qu'amphigouris », dit-il, en montrant
l'étrange missive à ses convives.

Il n'y pensait donc plus, et quand, le lendemain matin, vers dix heures, Piron et Fuselier
vinrent le trouver à sa boutique, et commen-
cèrent à lui raconter la scène pénible qui avait
eu lieu la veille, en accompagnant leur récit
de vives démonstrations d'amitié et de pro-
testations indignées contre la conduite de
Collé, Gallet, abruti, se laissa tomber sur une
chaise, et de grosses larmes rondes suivaient
lentement les plis de ses joues molles et abat-
tues :

« Collé ne peut être mon ennemi, disait-il
en balbutiant : je l'aime comme un fils ; il est
vain, mais son cœur est bon ; ce n'est pas lui qui
a machiné une si pitoyable méchanceté. M'ac-
cuser de prêter à usure, moi qui donne ce que
j'ai et ce que je n'ai pas ; c'est me faire trop
grand honneur que de croire que je sais
compter.

« Non, ce n'est pas Collé qui a ourdi pareille trame; ce sont ces freluquets de la cour qu'il a amenés chez nous bien malgré moi; c'est ce vilain barbouilleur de Boucher, qui est plus laid maintenant que quand la mort l'aura usé dix ans, ou ce fat de La Bruère, qui porte chemise de soie et habit de velours et m'emprunte un petit écu en sortant de dîner, ou ce grand escogriffe de Minet, qui éternue quand il me voit, depuis qu'il est de l'Académie... »

A ce moment, Panard entra; il venait de faire sa petite station de tous les jours, au sortir de sa mansarde de la rue du Hasard; Piron le mit vite au courant de ce qui se passait; Panard en fut presque joyeux:

« Mon vieux camarade, dit-il à Gallet, il n'y a là rien qui doive te causer tant de trouble; ces méchantes gens ont fait ce qu'ils devaient faire et qu'il était impossible qu'ils ne fissent. Hé quoi! tu n'as pas vu qu'ils montrent toujours linge fin et habits dorés, tandis que tu portes vieille chemise et drap de manant, et que, marchant près d'eux, tu ternis le miroitant de leurs grâces; pauvre fou, sache donc que qui porte l'épée et le jabot de dentelles ne saurait être un ami pour nous. Mais je me lasse à philosopher, et ces braves gens, Alexis et Fuselier, doivent avoir soif : porteur de mauvaises nouvelles est toujours altéré. Conduis-nous au laboratoire, ouvre le robinet, et souviens-toi qu'il sera toujours, avec moi, ton plus fidèle et ton meilleur ami. »

Le reste de l'après-midi se passa en libations : on chansonna les musqués du Caveau, et peu à peu Gallet reprit sa belle humeur : « Ah ! ils t'accusent de prêter à usure, s'écriait Fuselier ; hé bien ! quel taux devraient-ils payer, s'ils venaient t'emprunter de l'esprit ? » Piron proposa de répondre à l'épître insolente de Collé ; on lui adressa le billet suivant :

« M. Collé est invité à se montrer le plus promptement possible rue de la Truanderie, pour y acquitter les dîners qu'il doit à M. Gallet : les intérêts seront calculés avec usure. »

A ce moment, Piron se souvint que Collé

lui avait dit en confidence quelques jours auparavant, qu'il avait l'intention de se présenter à l'Académie : « Ces messieurs de m'amie françoise viennent de faire un joli règlement, qui porte qu'on n'accordera plus de place chez eux qu'à ceux qui la demanderont ; c'est bien l'affaire de M. Collé, à qui trente-neuf platitudes sont trente-neuf fois plus agréables qu'une seule ; » et il ajouta au bas de la missive :

> *Fais, refais et perds bien des pas,*
> *Flatte, gueuse, mendie,*
> *Si tu veux entrer dans le cas*
> *De Françoise m'amie !*
> *Elle met à ce prix le don*
> *D'une faveur si grande,*
> *Et ne trouve ni beau, ni bon,*
> *Le mot de la friande,*
> *Qui disait à Bastien : fi donc !*
> *Est-ce que ça se demande !*

La nuit étant venue, Gallet parlait de dîner, quand la maman Gallet, qui bouillait depuis le matin, déclara net qu'elle ne préparerait rien, et qu'on eût à chercher ailleurs; depuis huit heures d'horloge, on ne faisait que boire ; cela ne convenait, ni à des gens qui avaient à gagner leur vie, ni à un honnête droguiste qu'on distrayait de ses affaires. Fuselier voulant plaisanter, elle lui indiqua carrément la porte : « Vous rendrez mon enfant ivrogne, » criait-elle ; et comme son indignation provoquait une douce hilarité, elle poussa tout le monde dehors.

Piron et Fuselier, pris par l'air froid de la rue, redevinrent sérieux et déclarèrent qu'ils allaient porter eux-mêmes à Collé le poulet qu'on venait de rédiger ; quant à Panard, il emmena Gallet faire un tour sur les quais, mais bientôt le grand air l'agaça : « Ces bouffées de fraîcheur sont insolentes comme un remords, dit-il ; elles nous narguent et nous incommodent quand nous avons bu. Ah ! la nature est ingrate et hypocrite ; elle fait le vin, et quand on y rend hommage, plutôt par reconnaissance que par goût, elle nous envoie l'air et l'eau pour nous le reprocher ! »

Gallet, les bras ballans, marchait machinalement à côté de lui ; alors Panard, inquiet du mutisme inaccoutumé de son ami, eût une idée miraculeuse : il se souvint qu'il avait fait quelque temps auparavant, la connaissance d'un joaillier de la rue Dauphine, qui lui avait semblé d'humeur sortable ; il y conduisit Gallet.

Il était plus de huit heures quand ils frappèrent à la porte : le joaillier montra sa tête à une lucarne, et Panard s'étant nommé, il ouvrit. Les deux poëtes entrèrent en trébuchant : l'amphytrion en parût ravi. C'était un marchand aimable, professant pour les lettres un goût naïf, et d'autant plus sincère qu'il n'y entendait rien ; mais il était flatté de la société des gens à rimes, et mettait sa cave à leur disposition ; il avait fréquenté autrefois le café de la veuve Laurent, et, prenant le style de la maison, il se proclamait disciple fervent d'Apollon et de Bacchus.

Il offrit du vin de Cahors, vin perfide, dont le velours cache une griffe ; l'ivresse monta, et, au bout d'une heure, Gallet lui avait raconté toute sa vie, ses grandes soifs, ses affreuses désillusions ; il ne lui cacha rien, ni la banqueroute qui menaçait sa boutique, ni la maladie à demi accrochée à son corps ; le père Cyrille, c'était le nom du joaillier, crut devoir, au nom de l'honneur du commerce, lui adresser quelques remontrances, et l'engager à soigner de plus près ses affaires ; mais Gallet était lancé, et devant une insistance nouvelle, il se mit à chanter à tue-tête :

En vous, je reconnais quelqu'un
Qui d'esprit n'a pas l'ombre,
Pas même le sens commun,
Et qui raisonne comme un
Concombre, concombre, concombre.

Néanmoins, vers minuit, on s'embrassa avec effusion, en se promettant un amour éternel.

XI

L'excellent Panard avait eu une inspiration du cœur; il avait vu de suite combien le vide qui se faisait autour de Gallet, allait être terrible pour son ami; il sentait bien que Piron, Fuselier et les autres, quelque sympathiques qu'ils fussent, allaient s'éloigner peu à peu, sinon par calcul, au moins par insouciance, et il redoutait les sombres nuages de l'avenir. Il savait que Gallet, depuis longtemps, ne vivait

plus que d'une vie factice ; qu'il fuyait sa maison et son commerce, où il ne trouvait que des ennuis contre lesquels il ne savait pas lutter, et que, si on le laissait seul, c'étaient, dans un bref délai, le noir découragement et la fin lamentable. C'est pour cela qu'il l'avait conduit chez le joaillier, qui avait la table facile, et dont l'humeur avenante devait faire oublier à Gallet les distractions qu'il venait de perdre.

Gallet et le père Cyrille devinrent, en peu de séances, des compères inséparables ; six mois après la soirée de présentation, on pouvait les voir chaque jour, entre la rue Dauphine et la rue de la Truanderie, faisant lentement de longues promenades, interrompues seulement par de fréquentes stations chez les marchands de vin : ou bien c'étaient des flâneries silencieuses le long des quais ; ils aimaient l'eau, ces buveurs, et se délectaient de son clapotement ; ils se régalaient des fraîches senteurs qui montaient de la rivière : « Ah ! disait Gallet, que l'eau est une admirable chose ! » et ils retournaient au cabaret.

La maman Gallet avait accepté le père

Cyrille sans murmurer ; elle avait respect de sa situation de négociant, et elle s'était bercée de l'espoir que son fils, régénéré par un contact commercial, finirait par oublier ses fantaisies poétiques et se remettre pour de bon à son comptoir : mais l'illusion fut de courte durée. Décidément, il ne fallait plus compter sur Gallet, et la pauvre vieille était seule pour répondre comme elle le pouvait aux rares clients qui franchissaient encore le seuil de la boutique.

Puis, le chansonnier était malade : malgré Panard et Cyrille qui venaient régulièrement, malgré Piron, Fuselier et Crébillon qui lui faisaient encore quelques visites, il s'ennuyait et se laissait aller sans résistance : sa tête devenait vide, il pleurait sans motif, et l'hydropisie hideuse s'emparait de lui, sans qu'il fît rien pour la combattre.

Il avait fait venir un jour un médecin, qui, après l'avoir examiné sérieusement , avait décidé que le seul remède était de renoncer au vin blanc : on comprend comment Gallet l'avait reçu.

Aussi sa vie devenait lamentable : les seuls

jours heureux était ceux où il y avait réception rue Dauphine; là, il retrouvait son ancienne gaîté; entouré de poètes et de gens de théâtre, il oubliait toutes ses misères, et sa bonne grosse voix emplissait encore la salle à manger du bijoutier.

Un jour, il y rencontra un jeune séminariste à cheveux plats, un grand garçon de vingt-trois ans, long, lent et lourd, qui venait tenter fortune à Paris, et était tout ébaubi des merveilles de la grande cité; pendant les longues heures du coche, qui avait mis plus d'un mois à le cahoter depuis Toulouse, il avait traduit un poème anglais, et avait vendu son ouvrage à un libraire, cent écus, le jour même de son arrivée; plein d'enthousiasme et de foi, il voyait l'horizon éblouissant d'or et de gloire, et versait sur ce cercle un peu blasé des rayons d'espérance et de joie. Ce fut une des dernières bonnes soirées; le jeune séminariste s'appelait Marmontel.

Quelques années se passèrent ainsi, avec quelques bonnes heures, noyées dans de longues journées amères; les embarras d'argent avaient été en augmentant; le père Cyrille qui

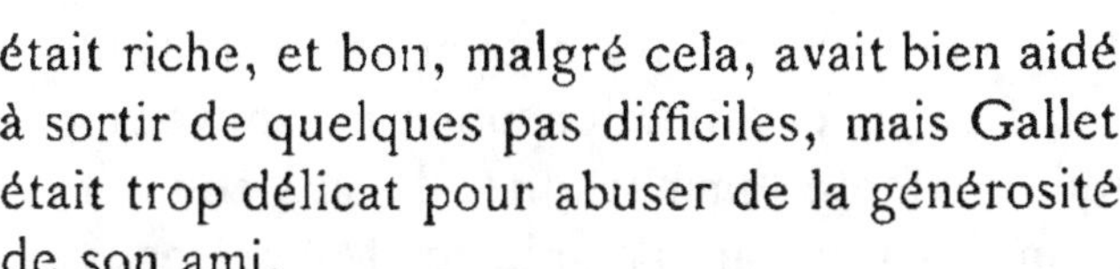

était riche, et bon, malgré cela, avait bien aidé
à sortir de quelques pas difficiles, mais Gallet
était trop délicat pour abuser de la générosité
de son ami.

Avec l'âge, l'expérience des affaires ne lui
était pas venue; il n'y comprenait absolument
rien, et ne savait pas se défendre; il avait le
dégoût profond de tout ce qui le gênait, et
un jour, pressé insolemment par quelques
créanciers qui lui faisaient de grosses menaces,
il monta dans sa chambre, fit un paquet de ses
hardes, en chargea un limousin et s'en fût à
l'enclos du Temple. Il y loua un mauvais
logement, écrivit à sa mère de venir l'y
rejoindre, et abandonna la boutique à toutes
les fantaisies des huissiers. Quand la mère
Gallet arriva tout en larmes, accompagnée de
Panard, qui donnait encore une preuve de son
inébranlable amitié, ils trouvèrent Gallet fort
tranquille :

« Ne pleure pas, maman, dit le poëte;
« occupe-toi de notre dîner; nous allons vivre
« ici plus heureux que dans la poussière de
« nos bocaux... Ah! mon bon ami, ajouta-t-il,
« en s'adressant à Panard, tous ces oiseaux

« de proie peuvent m'envoyer leurs notes :
« j'en ferai une collection pour nos neveux.
« J'ai escompté l'immortalité ; je suis enfin et
« de mon vivant, au Temple des Mémoires. »

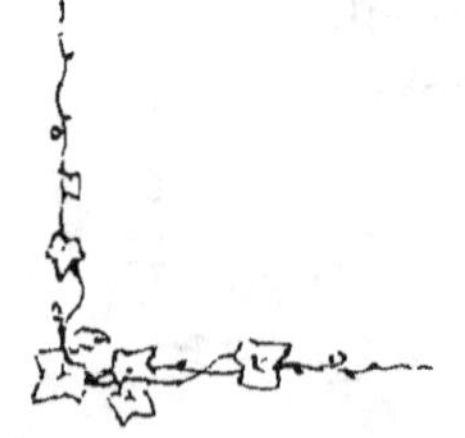

XII

Lorsque le batelier, amenant péniblement
de la Champagne et de la Beauce sa lente
péniche, lourde de farine et de vin, quittait la
Marne pour descendre l'onde fauve de la
Seine, il apercevait dans le lointain, à droite
du massif noir de Notre-Dame, deux énormes
tours isolées, dominant, comme des géants
d'un autre âge, les plus hauts édifices de la
cité.

La première, la plus rapprochée de la cathédrale, était la tour de Saint-Jacques, bâtie au commencement du seizième siècle, sur l'emplacement de la vieille église de Clotaire; l'autre, sombre épave de l'anarchie féodale, était la tour du Temple, dont les murs avaient neuf pieds d'épaisseur, et s'élevaient à près de soixante mètres au-dessus du sol.

Elle avait été construite en 1220, par Frère Hubert, trésorier de l'ordre des Templiers, à peu près au milieu d'un vaste terrain que Philippe-Auguste avait concédé à ces frocards belligérants, qui joignaient, dit saint Bernard, la douceur des moines à la valeur des gens de guerre.

Le prieur Holdoin avait accepté avec reconnaissance le don royal, aussi bien que 150,000 marcs d'argent que Philippe lui laissa à sa mort; mais, comme c'était un homme de précaution, qui savait à quoi s'en tenir sur le retour des choses d'ici-bas, il employa le legs somptueux du monarque à entourer son terrain de hautes murailles à créneaux, fortifiées d'espace en espace par de nombreux bastions, et entourées de larges fossés dont la profondeur devait donner à méditer aux enfants de Philippe, le jour où ils regretteraient la largesse de leur aïeul.

Puis il se fit octroyer, par charte datée de Vincennes, le droit de justice basse, moyenne et haute sur toutes les terres et maisons de l'enclos, et, roi lui-même dans le royaume, ayant créé dans Paris la ville neuve du Temple, il mourut, laissant ses successeurs en mesure d'attendre sans crainte le bon plaisir du souverain du Louvre.

On sait leur dramatique destinée, et comment Philippe-le-Bel leur reprit leur forteresse et leurs trésors ; après leur chute, le Temple redevint domaine royal, et la maison provinciale du Grand-Prieuré de France.

En 1750, l'enceinte formidable longeait à l'ouest la rue du Temple, au nord la rue de Vendôme, à l'est les rues Fores et de Beaujolais, au midi la rue de la Corderie. On pénétrait à l'intérieur par la Grand'Porte, décorée d'un ordre dorique à colonnes isolées ; elle avait été bâtie par Etienne Marcel, démolie, puis relevée par Louis XIV.

On se trouvait alors dans une cour immense,
dont une partie était ornée d'une espèce de
péristyle à colonnes couplées, dont les piédes-
taux, dit un artiste de l'époque, choquent par
leur hauteur la vue de ceux qui s'y connaissent,
et même de ceux qui ne s'y connaissent pas.
Au fond de la cour, le palais du grand prieur,
édifié par Jacques de Souvré, était une des
plus splendides résidences princières de
France; le chevalier d'Orléans venait d'y faire
de folles dépenses, sur les dessins et sous la
conduite du fameux architecte Oppenord.

Le palais était entouré d'agréables jardins,
avec une grande pièce d'eau et des carrés de
boulingrins, alignés par Lenostre, comme des
rangées d'oignons; le prieur actuel, le prince
de Conti, en laissait l'accès libre aux Parisiens,
et les familles sages y fourmillaient le dimanche.

Des jardins, une promenade de tilleuls conduisait à la tour, flanquée elle-même de quatre
tourelles ; puis, derrière la tour, s'élevait
l'église, un monument gothique de mince
valeur, dont le chœur renfermait les riches
mausolées des prieurs, et qui avait, devant sa
porte principale, un petit porche ou vestibule

singulier, dont la forme bizarre égayait fort les badauds.

Toute la partie de l'enclos qui avoisinait le palais, la tour [et l'église était couverte d'élégantes maisons, presque toutes accompagnées de jardins et habitées par des personnes de distinction : les officiers et les dignitaires de l'ordre, les gentilshommes de la suite du grand prieur et les fournisseurs aisés; de sorte que tout le milieu du Temple, ainsi que ses côtés de l'ouest et du sud, présentaient un aspect des plus riants et des plus fleuris.

Mais, lorsqu'on pénétrait plus avant, notamment du côté de la rue Fores et de la rue de Vendôme, on se perdait dans un dédale d'angles, de détours, de ruelles sales aux issues étranglées ; des maisons, dont la hauteur ne dépassait jamais un étage, étaient accolées aux hautes murailles de l'enceinte; des échoppes enfumées, quelques cabarets borgnes, de sombres triperies servaient aux besoins des 4,000 sujets du prieur.

De loin en loin, quelques toits plus propres abritaient des artisans que la franchise du lieu y avaient attirés, et qui y exerçaient leur industrie, sans redouter la visite des jurés des communautés, car au seuil de la porte du Temple expiraient les pouvoirs des exempts, des contrôleurs, du lieutenant civil, des procureurs, enfin de tous les tyrans des petites gens.

Mercier cite un épicier ruiné qui, ayant trouvé la recette d'une tisane purgative et confortative, s'en vint la fabriquer au Temple, et en débitait plus de douze cents pintes par jour.

Tous les taudis étaient occupés par les banqueroutiers ou les débiteurs insolvables, qui, abandonnant leur commerce, y venaient trouver, à défaut d'air pur, la tranquillité.

« Là, l'exploit de l'huissier devient nul; nul
« aussi l'arrêt qui ordonne la prise de corps.
« Le débiteur peut entretenir ses créanciers
« sous la voûte de la porte, les saluer, leur
« prendre la main; s'il faisait un pas de plus,
« il serait pris; on fait tout pour l'attirer au
« dehors, mais il n'a garde de tomber dans le
« piège.
« Il paie cher une petite chambre étroite,
« toujours préférable à la prison. Du fond de

« cette retraite, il arrange ses affaires, il
« traite, il négocie : si les créanciers sont
« intraitables, il reste dans l'asile que lui ont
« ménagé les religieux Templiers, qui ne s'en
« doutaient guère. »

Il y avait cependant quelques distractions
au Temple : d'abord un théâtre, qui jouissait
aussi de la franchise universelle, et qui n'était
pas aux pieds de MM. les gentilshommes
ordinaires de la Chambre ; le grand prieur y
avait sa loge et y venait souvent ; puis la
grande foire de Saint-Simon et Saint-Jude,
qui ouvrait le 28 octobre, et se tenait dans la
grande cour d'entrée ; on y vendait des manchons, et c'était pour Paris tout entier un but
de promenade et de distraction, dont les malheureux reclus prenaient leur grande part.

La juridiction du prieur était paternelle et
douce ; après le couvre-feu, la porte était fermée, et à neuf heures on surprenait rarement
une fenêtre éclairée ; la police, facile à faire,
puisque tout le monde se connaissait, était
remise aux soins de 150 des habitants, à qui le
prieur confiait une épée rouillée et un vieux
mousquet.

La seule pénalité était simple et peu cruelle
en apparence ; mais sa crainte seule suffisait à
empêcher tout méfait. On conduisait le délin-
quant devant la porte, où l'attendaient les
sergents et les huissiers, et de là au Châtelet
il n'y avait qu'un saut.

Pendant trois ans, de 1716 à 1719, on avait
mené joyeuse vie dans le palais du Temple ;
Philippe, chevalier de Vendôme, l'arrière
petit-fils de Henri IV et de la belle d'Estrées,
y avait tenu haute cour de joie libertine ; aussi
licencieux à table que brave à l'armée, le
prieur donnait chaque soir des soupers com-
plets aux demi-dieux de la noblesse et aux
déesses de la danse.

Il avait le visage singulièrement beau, une
tournure parfaite ; il se faisait admirer dans la
conversation par le brillant de son esprit ; sur
la débauche, dit Saint-Simon, il était au poil et
à la plume, et avait l'avantage de ne s'être
jamais couché le soir, depuis trente ans, que
porté dans son lit ivre-mort.

Il savait tourner un vers, et aimait, en même
temps que les grands buveurs, les épicuriens
délicats, comme l'abbé de Chaulieu et le mar-

quis de la Fare, qui avaient leurs chambres au Palais, près de lui. J.-B. Rousseau fut aussi quelquefois son invité, et il en sortait émerveillé ; il écrivait à Chaulieu :

Par tes leçons, par ton exemple,
Ce que j'ai de vertu fût trop bien cimenté,
Cher abbé, dans la pureté
Des innocents banquets du Temple.

Cependant, les orgies, qui rappelaient trop celles des premiers Templiers, se répétaient si souvent, que le Régent lui-même se fâcha : il ne brûla pas Philippe comme son aïeul avait brûlé Molay, mais il le força à donner sa démission. Vendôme s'y soumit bien à regret, mais ne put se résigner à quitter le Temple, où il mourut huit ans après.

Pour ne pas l'humilier, le Régent mit à sa place un autre bâtard, le chevalier d'Orléans, qu'il avait eu de Mlle de Serri ; celui-là était un prince doux et inoffensif, qui tirait son vin d'Hautvillers, en Champagne, dont il était abbé ; il passa le temps de son règne en bâtisses, et mourut ignoré en 1748.

Son successeur, celui qui occupait la charge

au moment où Gallet vint lui demander asile,
était le valeureux Louis François de Bourbon,
prince de Conti, qui venait de s'illustrer dans
la rude campagne du Piémont. C'était un
héros modeste, studieux, brave comme le
tranchant d'une épée, connaissant à fond l'art
militaire, et brûlant du désir de justifier par
un mérite réel les grades qu'il devait à sa
naissance.

Les habitants du Temple, pour témoigner
leur joie et leur zèle, lui avaient fait, à son
entrée, une chaleureuse ovation.

« Les 150 s'étaient mis sous les armes.
« Lorsque le prince entra dans l'enclos, on fit
« une décharge de cent boîtes et de mous-
« queterie; il passa au milieu des troupes
« rangées en haie depuis la porte jusqu'à
« l'église. On fit une seconde décharge pen-
« dant le *Te Deum*, et une troisième lorsque
« le prince sortit; le soir, les maisons furent
« illuminées. Cette fête avait été annoncée le
« matin par une décharge de boîtes. Les
« boutiques étaient fermées, et la rue de
« l'intérieur du Temple, par laquelle le prince
« passa, était tapissée. »

XII

Gallet avait trouvé de suite une petite maison presque propre, avec un jardinet : au
rez-de-chaussée il y avait, avec un vestibule
et un cellier étroit, une vaste cuisine qui devait servir en même temps de salle à manger ;
au-dessus, deux chambres, dont les fenêtres
permettaient d'apercevoir de loin le grand
jardin du Palais : un brocanteur loua quelques

meubles, deux lits, un fauteuil, et ce qu'il fallait pour la cuisine.

Panard avait amené la maman Gallet vers cinq heures : quoiqu'on fit pour la consoler, la pauvre vieille était trop brisée par l'émotion pour rien entendre. Les deux poètes préparèrent son lit, puis lorsqu'elle se fût couchée en sanglotant, ils sortirent pour faire un tour dans les ruelles et chercher à dîner. Mais leurs promenades n'étaient jamais de longue durée, et, après deux cents pas, ils s'arrêtèrent en face d'un cabaret, à l'enseigne du « Clos de la Devinière. »

Le patron, qui était sur la porte, les pria poliment d'entrer, et lorsqu'ils se furent assis : « Eh pardieu ! s'écria-t-il, n'ai-je point l'hon-
« neur d'avoir à ma table l'illustre poète Pa-
« nard et ce bon M. Gallet, dont je sais tou-
« tes les chansons ? » Et comme ses convives, ravis intérieurement, paraissaient étonnés :
« J'étais marmiton chez M. Landel, au car-
« refour de Bucy, ajouta-t-il, ... marmiton
« et ... poète, hélas ! ce fut la cause de ma
« ruine. J'ai entendu bien souvent, caché der-
« rière la porte, les chansons de M. Collé,

« et les beaux vers de M. de Crébillon......
« La poésie faisait tourner ma tête..... et
« mes sauces... » Cependant Panard, qui
le voyait s'installer trop aisément dans ses
souvenirs, fit un geste d'impatience. Ah! pardon! dit vivement le cabaretier, et il sortit,
pour rentrer presqu'aussitôt, une bouteille
sous chaque bras.

« C'est du vin d'Anjou, dit-il, et un breu-
« vage délicat de poète : mon père m'avait
« laissé en héritage le clos de la Devinière,
« que mes ancêtres avaient acquis de M. le
« curé Rabelais ; il n'en reste plus aujourd'hui
« que quelques flacons, et l'enseigne que vous
« avez vue devant la porte. »

Décidément, le brave homme voulait conter
son histoire : les deux amis le laissèrent faire,
et l'écoutèrent en humant le divin piot : ils ap-
prirent comme quoi M. André, jaloux de son
maître Landel, avait voulu fonder, lui aussi,
un cabaret littéraire ; mais il était mal tombé :
ses clients, des rimailleurs sans scrupules,
avaient bu toute sa boutique, sans qu'il vît la
couleur d'une pistole, et il avait dû se réfugier
chez le grand prieur.

Le vin de la Devinière, qu'on avait renouvelé plusieurs fois, poussait aux épanchements intimes: à son tour, Gallet dit les tempêtes de de sa vie d'épicier et de poète.

Le cabaretier, enchanté, le mit au courant de tous les détails de l'existence au Temple: où il aurait le meilleur pain, la viande la plus tendre, qui lui rapiécerait ses hardes: quant au vin, il n'entendait pas que Gallet en bût ailleurs que chez lui.

Puis on dîna, et quand Panard, fort troublé, voulut partir, le cabaretier observa avec douceur que le couvre-feu était sonné depuis longtemps, et que la grand'porte était fermée. Panard se rassit mollement.

Gallet demanda le prix de l'écot : « Je vais « chercher une dernière bouteille, dit M. An« dré, et vous me chanterez une chanson. « Quant à monsieur, ajouta-t-il en montrant « Panard endormi sur sa chaise, je ne le lais« serai pas partir demain sans qu'il m'ait fait « un vaudeville. »

Et lorsqu'il remonta de la cave : « Mainte« nant, dit-il à Gallet, payez-moi. » Et Gallet chanta:

J'ai cinquante ans, j'ai le désir
  De vivre en homme sage ;
J'ai consulté sur le plaisir
  Qui convient à mon âge :
En secret j'ai vu tour à tour
  Sur ce point nécessaire,
Apollon, Bacchus et l'Amour :
  On ne pouvait mieux faire.

L'amour m'a dit : il faut aimer ;
  Et le dieu de la treille :
Qu'un berger ne doit s'enflammer
  Qu'auprès de sa bouteille.
A chanter Glycère et le vin
  Apollon met sa gloire ;
D'où je conclus qu'il faut sans fin
  Chanter, aimer et boire.

Quelques jours après, le vieux Cyrille vint au Temple : il était courroucé. Après une semaine d'attente, étonné de n'avoir point la visite accoutumée de Gallet, il s'était rendu un matin rue de la Truanderie : là il avait trouvé des gens, qui, avec l'air d'être parfaitement chez eux, secouaient sans respect, sous l'œil d'un procureur, les poussières si longtemps vénérées de la boutique : les bocaux avaient été enlevés de la devanture, on étiquetait les paquets d'herbes, on comptait les sacs : on inventoriait, disait le procureur.

Cyrille reprocha à son ami d'avoir manqué de confiance, et de ne pas lui avoir demandé conseil. « Bah ! dit Gallet, le Temple vaut bien le Châtelet : c'est faire acte d'homme libre que choisir sa prison. Ici, il y a un théâtre, des jardins, des cabarets : d'ailleurs, nous nous y plaisons fort. N'est-ce pas maman ? »

La mère Gallet avoua qu'elle était heureuse d'avoir enfin son fils à elle toute seule, sauf les visites à M. André.

« Cependant, ajouta Cyrille, vous ne pouvez vous laisser dépouiller sans contrôle : les drôles qui pillent votre maison sont trop à l'aise, et qui sait, si vos créanciers payés, il ne vous restera pas quelque chose ? Au moins, donnez-moi pouvoir de vérifier ce qu'ils font. Vous n'y pouvez rien perdre. — Ma foi, répétait Gallet, c'est à peine si je me souviens d'avoir vécu ailleurs qu'ici. J'ai cent louis : il en restera après nous. »

Cyrille dut mettre en batterie toutes les astuces de l'amitié pour emporter une procura-

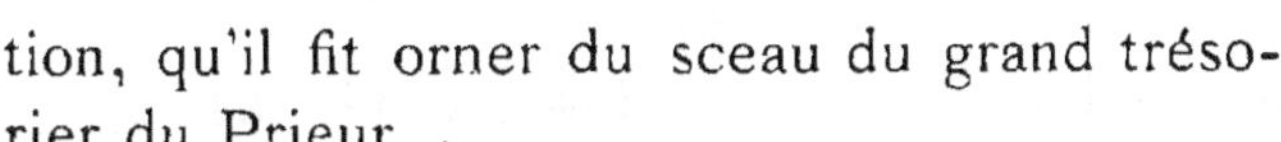

tion, qu'il fit orner du sceau du grand trésorier du Prieur.

Pendant les premiers mois, Gallet n'eut pas
un seul jour d'oisiveté ou d'ennui : Panard
venait le voir trois fois au moins la semaine,
et souvent il amenait avec lui Piron ou Fuselier ; un jour même, le vieux Crébillon, qu'il
avait rencontré rentrant chez lui, à deux pas
du Temple, rue des Douze-Portes ; ce soir-là
M. André ne ferma son cabaret qu'aux lueurs
de l'aurore.

Un après-midi d'octobre, à la foire de Saint-
Simon et Saint-Jude, autour de la pièce d'eau
du jardin, Gallet se trouva nez à nez avec
M. Collé, qui ne put pas l'éviter. Il se précipita sur lui, lui prit les deux mains, et d'une
voix singulièrement émue : « Ah ! Collé, mon
cher Collé, lui dit-il, que vous ai-je fait pour
mériter tant de dureté ? Avez-vous tout-à-fait
oublié nos bonnes soirées, nos chansons, le
robinet ? Au moins laissez-moi vous embrasser,
vous humer comme un vieux vin ami, qu'on a

laissé de longues années derrière des fagots, pour en jouir plus onctueux ? » Collé qui attendait des reproches sanglants, fut presque touché de la lâcheté affectueuse de Gallet ; il n'eut pas la peine de balbutier un mensonge ; il fut entraîné, resta à dîner, et le soir, il fit longuement la connaissance du clos de la Devinière.

Gallet était ruisselant de joie, d'émotion, de vin d'Anjou ; on causa du bon passé, en oubliant les heures méchantes, puis, le vin l'exigeant, on chanta : « Faites-moi un couplet, demanda Me André, qui ne manquait jamais l'occasion. — Sur quoi ? interrogea Gallet. — C'est aujourd'hui la foire aux manchons, dit Collé. — Eh bien ! chanta Gallet :

> *Pour les manchons de fantaisie,*
> *Je vends du beau, point de commun ;*
> *Propre à vous réchauffer, Silvie,*
> *Je vais vous en présenter un :*
> *C'est de renard, une peau douce et belle,*
> *Le poil y tient, mademoiselle.*

Et on reprit en chœur, sur l'air de : *je vous prêterai mon manchon mignon :*

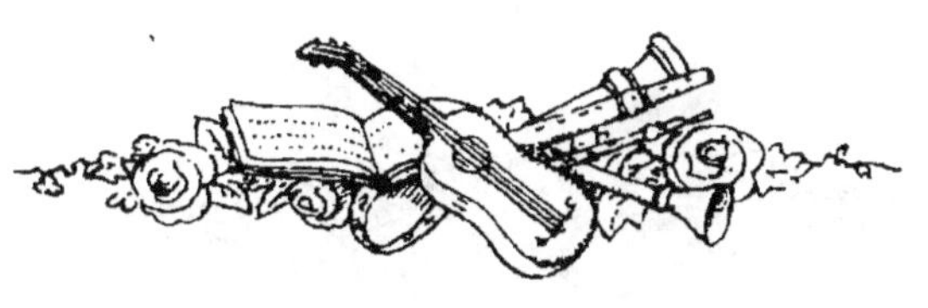

> *Eh! mais vraiment,*
> *Il est charmant,*
> *Assurément,*
> *Vous serez mon foureur,*
> *Monsieur,*
> *Vous serez mon foureur.*

« Il est temps d'aller se coucher, » dit Collé. Et il promit de revenir.

Cependant le clos de la Devinière devenait célèbre : une promenade au Temple n'était plus complète sans une station chez André ; Marmontel y amena un jour des bourgeois très-convenables qui voulaient voir Gallet ; mais le dîner fut terne, et quand on demanda une chanson, Gallet, vexé, infligea froidement des couplets à l'eau :

> *On ne rit plus, on ne boit guère,*
> *On ne vaut rien dans un repas ;*
> *Petits propos, petite chère ;*
> *Dieux ! quels esprits ! quels estomacs !*
> *Petit vin dans de petits verres,*
> *Petits mets dans de petits plats,*
> *Tout est joli,*

Tout est fini,
Mais si petit,
Si petit, si petit!
Ah! c'est un vrai ton de misère
Que de montrer de l'appétit.

Petit plumet, petite lame,
Tout est petit dans nos guerriers;
Petit robin, petite femme,
Petit duc, petit financier,
Petit abbé aux épigrammes,
Tout est petit dans nos soupers.
Petit buveur,
Petit chanteur,
Petit rimeur,
Et conteur de fadeurs:
Tous ces petits, croyez, mesdames,
Sont toujours de mauvais payeurs.

Grosse santé, gros ton, gros rire
Qui pétillaient dans de gros yeux;
Grosse gaîté, grosse satire,
Gros vaudeville au ton joyeux;
Oui, tout, jusqu'à l'art de médire,
Tout était gros chez nos aïeux,
Grosse maman,
De gros enfants,
Maris joyeux,
Vigoureux. Temps heureux !
Revenons-y, j'ose prédire
Que chacun s'en trouvera mieux.

« Mon cher Marmontel, ajouta-t-il, une autre fois, quand vos amis voudront rire, il faudra
les conduire chez les comédiens du roi. »

Et il recommanda à André de saler la note.

Au début de l'année 1752, Gallet tomba
sérieusement malade ; à la suite de chaque
séjour trop prolongé chez André, il sentait
dans le côté droit une douleur cuisante, un
point, qu'il avait essayé d'abord de noyer dans
les flots du vin d'Anjou, auquel, depuis son
entrée au Temple, il s'était abandonné avec
exclusion et sans réserve ; mais le mal tenait
bon, et surnageait ; puis la maman Gallet
remarquait avec effroi que ses joues deve-
naient jaunes, d'un jaune triste, comme une
charte du roi Jean ; ses yeux s'éteignaient,
mous et vagues ; les doigts amaigris s'allon-
geaient, laissant les articulations dessiner
d'affreux bourrelets.

Un jour, Panard affirma que son ami
engraissait. « Et comment ferait-il ? s'écriait
« la pauvre vieille. Ah ! monsieur Panard, je
« ne sais qu'inventer pour lui plaire ! il laisse

« tout, sans vouloir y toucher, même un pâté
« d'anguilles fraîches, que ma sœur m'a
« envoyé avant-hier de Melun. Mon Dieu !
« que je suis malheureuse ! »

Gallet plaisantait : « Quand je ne pourrai
« plus marcher, disait-il, puisque je suis
« essoufflé à chaque pas, j'irai m'installer
« chez l'ami André ; le vin nourrit mieux que
« la viande, et il est plus facile à mâcher ; et
« puis, maman, tu te fatiguais trop à me faire
« la cuisine. »

Un jour, cependant, il se trouva tellement
gêné, que Panard amena un médecin ; celui-ci
parla d'une hydropisie du ventre ; il dut prati-
quer une ponction qui n'eut rien de douloureux
et soulagea tellement le malade que, deux
jours après, il se retrouvait tout alerte sur le
chemin du cabaret. Le médecin avait recom-
mandé sévèrement de ne plus boire de vin
blanc, et Gallet allait raconter à André que le
médecin était un âne.

Un matin, Cyrille arriva rayonnant ; il
s'invita lui-même à déjeûner, et, à la fin du

repas, il annonça à Gallet qu'il avait négocié toutes ses affaires ; il raconta les colères des créanciers, leurs menaces, leur soumission ; comme il avait recherché tous les gens qui devaient et se gardaient de payer ; comme aussi il avait su faire vendre sans perte ce qui restait dans la boutique : « Enfin, ajouta-t-il, « en se levant triomphalement du vieux fau- « teuil, embrassons-nous, mes bons amis ! tout « est terminé, tout est payé ! et il reste assez « pour que je vous fasse dès à présent soixante « louis de rente. Puissé-je vous les payer « longtemps ! »

La maman Gallet était au courant depuis longtemps des démarches affectueuses de Cyrille ; elle avait même aidé, en abandonnant le petit bien qui lui restait à Melun, à désin- téresser les créanciers ; elle se jeta dans les bras de son fils, pâmée de joie orgueilleuse ; Gallet pleurait. Mais quand le joaillier, dans un dernier transport, lui dit en tremblant d'émotion : « Ah ! mon ami, vous pouvez donc « sortir enfin le front haut de cette honteuse « prison ! », Gallet secoua mollement la tête : « Hé ! pourquoi sortir, sinon pour aller vous

« remercier chez vous? Il y a près de deux
« ans que je suis ici, et mes pauvres jambes
« ne voudraient plus me porter dehors. Je ne
« sais plus le goût qu'a le vin hors des murailles
« du Temple, et celui de Mᵒ André me suffit. »

En effet, Gallet ne tenta pas de rentrer à
Paris; un jour, cependant, Panard l'entraîna
hors de l'enclos; c'était par une belle matinée
d'été : il lui fit franchir la grand'porte, et,
tournant à droite, il le mena au nouveau boulevard, qui était devenu le rendez-vous de
tous les flâneurs de Paris; il lui montra le
théâtre de Gaudon, où ils restèrent plus d'une
heure, écoutant une parade de Nicolet; il lui
fit voir la splendide maison que faisait bâtir le
conseiller Foulon ; puis ils entrèrent à la
Galiote, un joli cabaret avec de la verdure et
des lilas; le patron Bancelin les fit asseoir près
de Taconnet, qui raconta qu'un mois auparavant, se trouvant avec son ami Constantin chez
Ramponneau, ils avaient parié de mettre à sec

un tonneau de 120 bouteilles ; lui en avait bu
55, Constantin 40 ; les parieurs avaient achevé
le reste ; il avait conduit Constantin au cimetière deux jours après.

De la Galiote, ils allèrent au Méridien,
tenu par Legrin, dit la Jambe-de-Bois. Mais
Gallet était gêné dans Paris ; ils rentrèrent
de bonne heure.

Pendant l'automne de 1754, Gallet eut une
grande douleur : la maman mourut. Panard et
André l'accompagnèrent seuls avec Gallet au
petit cimetière qui se trouvait dans le Temple,
adossé à la rue de Beaujolais.

Dès lors, les journées se succédèrent
froides, ternes, sans joie et sans peine ; deux
fois par an, le médecin faisait une ponction,
pour deux livres, et Gallet, allégé, retournait
au vin blanc.

Panard venait toujours le voir, mais moins
assidûment ; il s'arrêtait souvent à la Galiote,
et y restait si longtemps que la nuit arrivait
avant qu'il n'eût franchi la grand'porte.

Cyrille lui apportait ponctuellement les quartiers de sa pension, et c'étaient là encore de bonnes journées, mais trop rares.

A la foire aux manchons, en 1756, Collé lui fit une visite, et comme il parlait de sa maladie, et l'exhortait à se soigner : « Je ne souffre pas, « dit Gallet, sans cela j'aiderais à la nature, « et je prendrais, comme les Anglais, le parti « d'abréger mes jours ; mais comme je suis « sans douleurs, j'irai tant que je pourrai. Ce « que j'ai de la peine à vaincre, c'est l'ennui ; « les trois quarts du temps, je suis tout seul ; « pour me dissiper, je m'amuse à faire des « couplets pour ceux qui m'en demandent. Je « vous en enverrai au jour de l'an, mais, au « moins, vous viendrez me voir. »

Et, en effet, il lui écrivit le 1er janvier 1757 :

Du premier du mois de janvier,
Je me f... comme du dernier :
Que la politique aille aux peautres !
Dans mon répertoire j'ai mis
Qu'il était peu de vrais amis
Accompagnés de plusieurs autres.

Ce petit couplet de chanson
Est un compliment sans façon

A Collé, le meilleur des nôtres.
C'est prou pour moi, pauvre animal,
Prêt à succomber sous un mal
Accompagné de plusieurs autres.

De ces couplets, soyez content :
Je vous en ferais bien autant
Et plus, qu'on ne compte d'apôtres :
Mais, cher Collé, voici l'instant
Où certain fossoyeur m'attend
Accompagné de plusieurs autres.

Collé tint parole, et vint le voir : il lui offrit de lui prêter de l'argent. « Mais, dit Gallet, « je ne vous ai point souhaité la bonne année « en vers, pour que vous me donniez des « étrennes. »

« Je vous croyais plus malade, dit Collé, et « je suis heureux de vous voir en bonne tour- « nure. Vous mouriez ferme, quand je vous « vis à la foire de Saint-Simon : vous n'étiez « pas embarrassé de mourir ; vous allez être « bien plus embarrassé de vivre. — Ah ! « parbleu! dit Gallet, ce que vous me dîtes-là « est bien bon : vous devriez le mettre en cou- « plets. »

Au commencement du mois de juin, Gallet fut forcé de rester au lit : sa douleur du côté droit était devenue intolérable, sa figure était décharnée et terreuse ; les bras et les jambes étaient affreusement maigres et le ventre horriblement gonflé. Sa langue était desséchée par la soif ; un jour on lui donna de l'eau, et il en but quelques gouttes avec plaisir. « C'est « bien la fin ! » dit-il ; à ce moment, un prêtre entra : « Ah ! monsieur l'abbé, vous venez « pour me graisser les bottes : ce n'est pas « nécessaire, car je m'en vais par eau. »

Il mourut le 30 juin : André seul conduisit son cercueil au petit cimetière du Temple.

Panard n'avait pas paru depuis un mois, quand il arriva enfin pour voir Gallet, et qu'il apprit sa mort, il fut consterné.

Quelques jours après, Marmontel le rencontra sur le nouveau boulevard. Panard allait triste, la tête baissée : Marmontel essaya de le consoler, et dit la part qu'il prenait à son affliction :

« Ah ! monsieur, dit Panard, elle est bien « vive et bien profonde ! Un ami de trente « ans, avec qui je passais ma vie ! A la prome-

« nade, au spectacle, au cabaret, toujours
« ensemble ! Je l'ai perdu. Je ne chanterai
« plus, je ne boirai plus avec lui. Il est mort.
« Je suis seul au monde. Je ne sais plus que
« devenir.

 « Vous savez qu'il est mort au Temple.
« J'y suis allé pleurer et gémir sur sa tombe.
» Quelle tombe ! Ah ! monsieur, ils me l'ont
« mis sous une gouttière, lui qui, depuis l'âge
« de raison n'avait pas bu un verre d'eau ! »

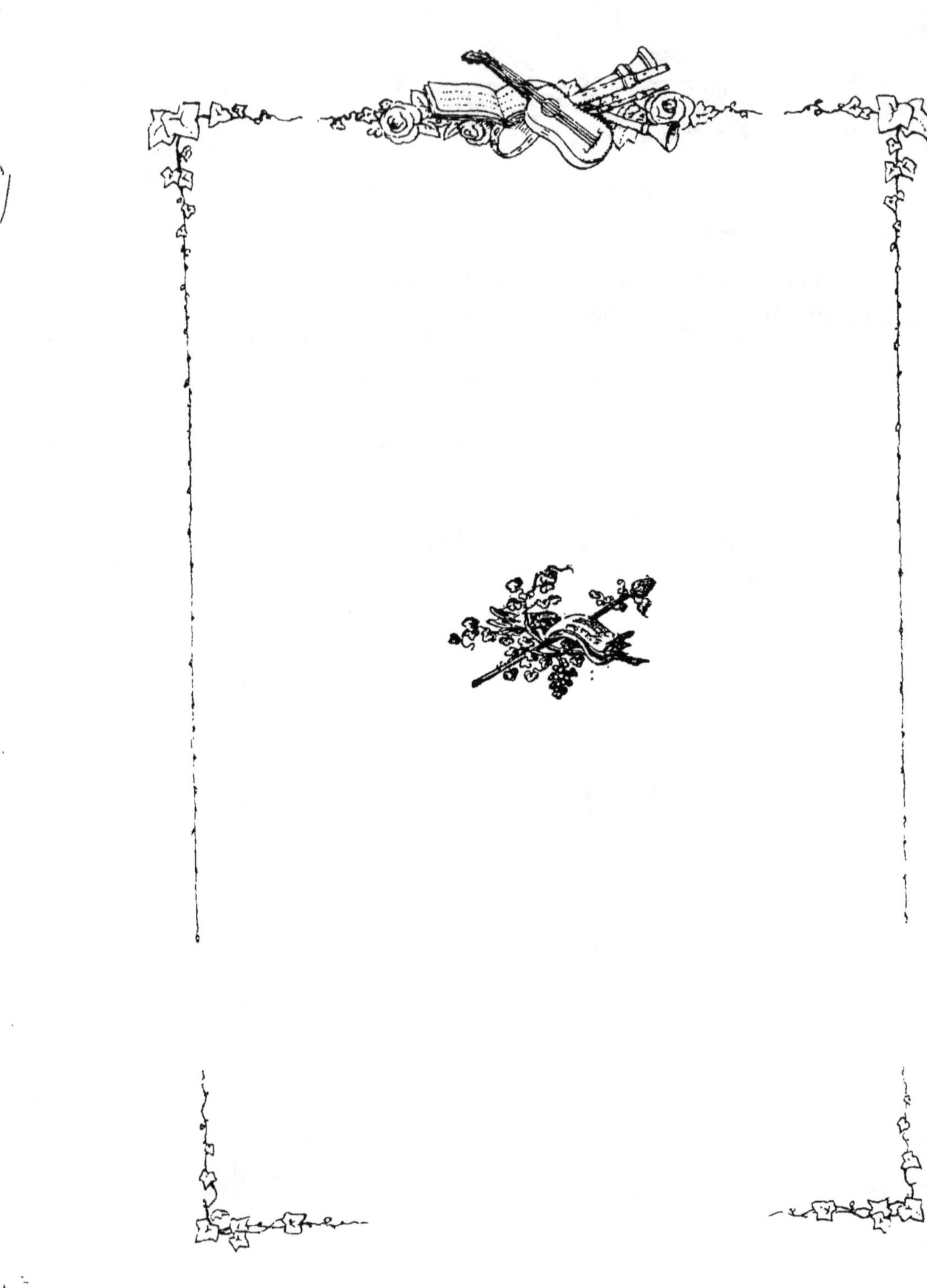

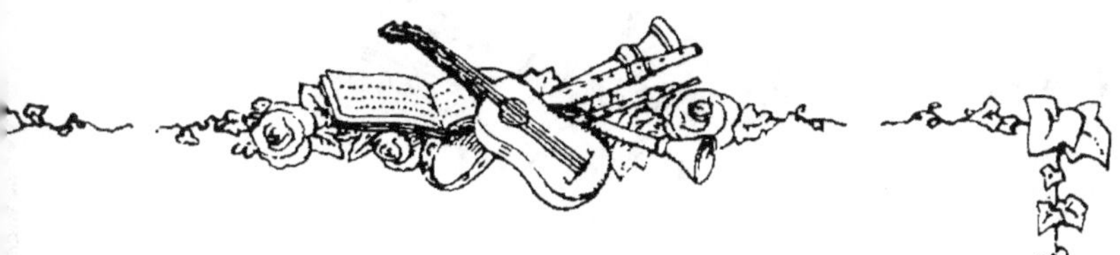

GALLET

OU LE
CHANSONNIER DROGUISTE

COMÉDIE EN UN ACTE, EN PROSE,
MÊLÉE DE VAUDEVILLES

PAR MM. MOREAU ET FRANCIS

Représentée pour la première fois, à Paris,
sur le Théâtre Montansier,
le samedi 22 novembre 1806.

PERSONNAGES	ACTEURS
GALLET, épicier à la pointe Saint-Eustache.	M. JOLY.
Madame GALLET, sa femme.............	Madame BAROYER.
SUZETTE, fille de Madame GALLET...	Mademoiselle FLORE.
PANARD, clerc de procureur...........	M. AUBERTIN.
PIRON, écrivain.......	M. BOS. GAVAUDAN.
MOUFFLARD, négociant à Cognac.......	M. THIERCELIN.
MICHAUT, marchand de vin, neveu de M. MOUFFLARD..	M. VAUXDORE.
FRANCISQUE, directeur du théâtre de la Foire Saint-Germain..	M. LEFEVRE.

La scène est à Paris, chez Gallet.

NOTE

Il est inutile de rappeler que Gallet n'a jamais été marié. Suzette et Madame Gallet sont des personnages imaginaires créés par MM. Moreau et Francis qui jugeaient l'addition de cet élément féminin indispensable à l'action de leur pièce.

J. B.

SCÈNE Iʳᵉ

GALLET, PANARD, PIRON *(assis autour
d'une table et achevant le souper)*, Mᴹᴱ GALLET,
SUZETTE, MICHAUT

GALLET

Allons, Madame Gallet, à la santé de Panard et de Piron.

AIR : *Ça n'dur'ra pas toujours.*

Chanſonniers mes confrères,
Narguant les ſots diſcours,

Vidons vingt fois nos verres,
En joyeux troubadours.

(Il montre la bouteille.)

Tous en chœur

Ça n'dur'ra pas toujours. *(4 fois.)*

PIRON

Pour l'auteur qui fait rire,
Il n'eſt plus de beaux jours ;
Un drame ſombre attire
La ville et les ſaubourgs.

Tous en chœur

Ça n'dur'ra pas toujours. *(4 fois.)*

PANARD

Le mari d'Isabelle
Vient de finir ſes jours ;
Du chagrin de la belle,
Rien n'interrompt le cours.

Tous en chœur

Ça n'dur'ra pas toujours. *(4 fois.)*

MADAME GALLET

Ah ! mon Dieu ! Je ne me trompe pas ; il vient de ſonner deux heures à l'horloge de Saint-Euſtache.

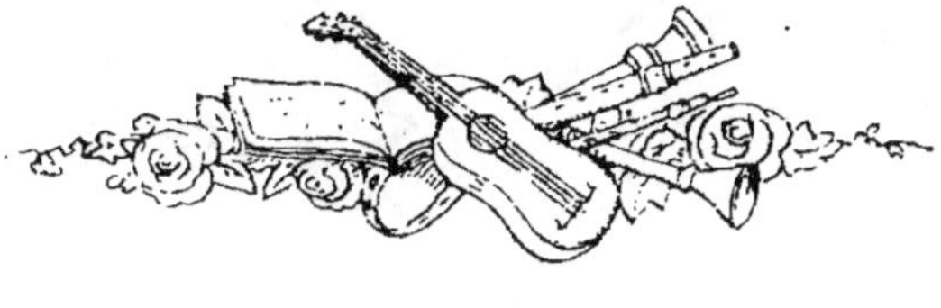

PIRON *(se levant de table)*

Déjà deux heures ! Et moi, qui avais un manuscrit à copier pour M. de Belle-Isle.

PANARD

Et moi, une expédition pour M. Agrippard, mon procureur.

GALLET *(toujours à table)*

Et moi, cette bouteille à vider. J'espère, Messieurs, que vous ne laisserez pas un ami dans l'embarras.

PANARD

Le devoir avant tout, Monsieur Gallet.

PIRON *(le retenant)*

Un moment, un moment. Il ne nous disait pas qu'il y en avait encore ; c'est très-différent. *(Ils se remettent à table.)*

PANARD

Messieurs, nous nous tuerons à ce métier-là.

AIR *du vaudeville d'Arlequin Musard.*

La vie humaine est une banque
Qui succombe par trop de frais ;
Amis, de peur qu'elle ne manque,

Calculons bien nos intérêts :
Que la prudence nous conduife ;
Dépenfons, mais fans abufer ;
Le coffre où tous les jours on puife,
Finit bientôt par s'épuifer.

PIRON (*buvant*)

J'ai foin de le remplir, moi ; et j'ai dans l'idée que je ne mourrai pas de fitôt.

AIR *de Marianne.*

Le corps eft un faible équipage,
Qu'on mène fouvent trop grand train ;
Mais, comme il ne fait qu'un voyage,
Il faut égayer le chemin.
     Un fage a dit,
     Avec efprit :
     Qu'on attèle
A cette voiture frêle,
     La probité,
     Et l'équité,
     Et la gaîté,
  Mais furtout la fanté ;
Contre le fort et la nature,
On n'aura pas à murmurer,
Si l'attelage peut durer
     Autant que la voiture. *(Ter)*.

MADAME GALLET

Eh bien, Suzette, eft-ce que tu ne vas te coucher ? tu dois être fatiguée, mon enfant.

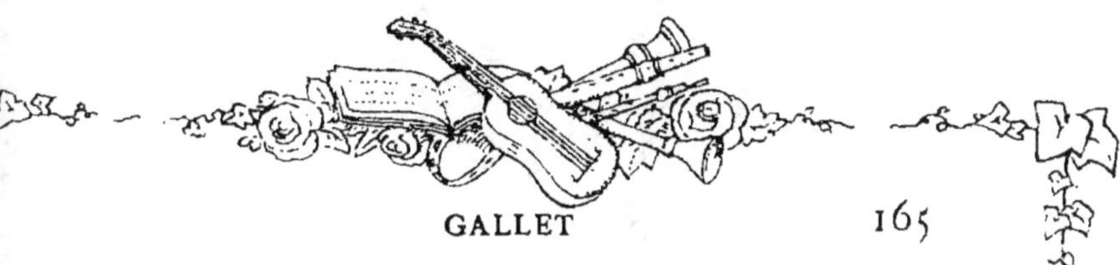

Oh ! que non, ma mère : j'ai tant de plaifir
à écouter ces Meffieurs !

Ah ! je le crois bien : ce font des gens d'efprit. Auffi quelle différence dans mon commerce, depuis que j'ai époufé en fecondes
noces M. Gallet ; je ne fais auquel entendre ;
ma boutique ne défemplit pas ; et l'on ne
parle plus dans tout Paris que de l'épicier de
la Pointe-Saint-Euftache.

Convenez, Monfieur Panard, qu'on ne peut
pas quitter un homme qui a de pareil vin.

Comme ils font de jolies chanfons !

Et comme ils boivent !

Auffi près d'eux le temps paffe fans qu'on
s'en aperçoive.

MADAME GALLET

C'eſt ce qui me paraît, car tu devrais déjà être dans ta chambre.

SUZETTE

J'y vais, ma mère, j'y vais ; au revoir, Michaut.

MICHAUT

Bonſoir, mademoiſelle Suzette. *(Suʒette ſort.)*

SCÈNE II

LES MÊMES, EXCEPTÉ SUZETTE

MICHAUT

Ecoutez, Madame Gallet, vous ſavez qu'il faut que j'ouvre mon cabaret de bonne heure ; mon oncle Moufflard, de Cognac, qui m'a chargé de la vente de ſes vins, à Paris, n'entend pas raillerie là-deſſus. Il ſe fait tard ; j'vas m'coucher : bonſoir la compagnie.

MADAME GALLET

Bonſoir, bonſoir. *(Michaut ſort.)*

SCÈNE III

LES MÊMES, .EXCEPTÉ MICHAUT

PIRON *(courant après Michaut)*

Comment, bonfoir ? Eft-ce qu'il s'en va ? Hé Michaut ! Michaut ! il n'y a plus de vin. Le drôle eft déjà bien loin. Michaut ! Michaut !

GALLET

Tais-toi donc, Piron, tu vas réveiller tout le quartier.

AIR : *Tous les bourgeois de Chartres.*

Tous les bourgeois fommeillent,
Etendus dans leur lit ;
Je crains qu'ils ne s'éveillent,
Effrayés de ce bruit.

PIRON

Crois-moi, chaque mari
Dort trop bien fur mon âme ;
D'ailleurs, les réveiller ainfi,
N'eft ce pas rendre, mon ami,
Un fervice à leur femme ?

PANARD

Gallet a raifon. Point de fcandale, Meffieurs ; il faut de la modération, même dans les plaifirs.

PIRON

On voit bien que le vin eft fini, Panard commence fa morale.

GALLET

S'il veut qu'on l'écoute, qu'il la mette en chanfons.

PANARD

Vous croyez rire, Meffieurs. Mais fi mon maudit procureur me laiffait plus de temps, vous verriez.

AIR : *Un chanoine de l'Auxerrois.*

Je voudrais, dans chaque chanfon,
Offrir une heureufe leçon
  A la cour, à la ville,
Dans fes goûts tout homme eft léger ;
J'unirais, pour le corriger,
  L'agréable et l'utile :
En chantant, le verre à la main,
Je lui montrerais fon chemin.

GALLET ET PIRON

Eh ! zon, zon, zon,
Panard a raifon
Voilà le vaudeville.

PIRON

Et moi donc, fi je n'étais pas forcé de copier pour vivre les rêveries du chevalier de Belle-Isle....

> AIR : *Quand on ne dort pas de la nuit.*
>
> Renonçant au joyeux flon flon,
> Et bravant l'effort de Pygmée,
> Fils légitime d'Apollon,
> Sur le fommet de l'Hélicon,
> J'irais chercher la Renommée ;
> Je prouverais à l'univers
> Que rien n'arrête le génie ;
> La France retiendrait mes vers.

GALLET ET PANARD

Voilà bien *(bis)* la Métromanie.

GALLET

Et moi donc, fi j'étais affez riche pour quitter le commerce, je ferais bien mieux que vous deux.

MADAME GALLET

Oui, Meffieurs, fi il voulait travailler...... certainement..... que..... mon mari......

GALLET

Je ne craindrais ni la cenfure, ni l'envie.

PIRON ET PANARD

Eh ! que ferais-tu ?

GALLET

Je ne ferais rien.

Air *de la Catacoua.*

Amaſſez de l'or avec peine,
Un fripon vous l'emportera ;
Cueillez des lauriers ſur la ſcène,
Un zoïle les flétrira.
Quand vous aurez bu l'onde noire,
Votre fiècle vous oubliera,
  Combien de gens,
  De grands talens,
Qui n'ont pas pu braver la faux du temps !
  Mes amis, nargue de la gloire ;
    Celui qui ne ſait rien
      Fait bien.

PIRON ET PANARD

Il a raiſon.

En chœur

Narguons la fortune et la gloire ;
  Celui qui ne ſait rien
    Fait bien.

Allons nous coucher.

GALLET

Bonne nuit, à demain. *(Piron et Panard ſortent.)*

SCÈNE IV

GALLET, MADAME GALLET

GALLET

C'eſt aſſez chanter et boire : il faut penſer aux affaires ; je vais régler mes comptes de la journée.

MADAME GALLET

Eh non ! mon ami ; ces petits détails-là me regardent. C'était bon pour défunt mon mari, le pauvre cher homme n'avait pas d'autre eſprit ; mais toi, qui es de la ſociété de M. Piron, de M. Collé, ça te diſtrairait.

GALLET

AIR : *Le curé de Pompone.*

Des Muſes les profits ſont doux,
  Et j'aime leur commerce ;
Mais je gagne plus, entre nous,
  Dans celui que j'exerce.
Je ne veux pas d'un bon métier
  Que mes vers me détournent ;
Comme ils viennent de chez l'épicier,
  Je crains qu'ils n'y retournent.

D'ailleurs, n'as-tu pas une fille à établir ?
Et quand on eſt beau-père comme moi....

MADAME GALLET

Ne t'inquiète pas de ça ; occupe-toi de ta
réputation, te dis-je ; je m'occuperai de notre
fortune ; on ne fait pas bien deux choſes à la
fois.

GALLET

AIR : *La Boulangère a des écus.*

Je ne ſuis pas le ſeul vraiment,
    Et ſur mon catalogue
J'ai mis plus d'un auteur vivant,
    A Paris fort en vogue,
Qui, comme moi, le plus ſouvent,
      Ne vend
      Que de la drogue,
      Vraiment,
Ne vend que de la drogue.

MADAME GALLET

Vous êtes trop modeſte, Monſieur Gallet....
Ça t'empêchera de parvenir.

GALLET

Allons, ma femme, va te coucher ; je ne
tarderai pas à te ſuivre.

MADAME GALLET

Ah! Monfieur Gallet! Monfieur Gallet!

AIR : *Souvenez-vous en, etc.*

Quand vous me faifiez la cour,
  Pour les Mufes et l'Amour,
  Comme vous étiez ardent !
Souvenez-vous-en, fouvenez-vous-en !
  Hélas ! regrets fuperflus,
  Je ne vous reconnais plus.

Pour me chanter un couplet
  Je vous trouvais toujours prêt;
  Vous recommenciez fouvent,
Souvenez-vous-en, fouvenez-vous-en !
  Mais à préfent, je le vois,
  Vous avez perdu la voix.

GALLET

Ça reviendra; ça reviendra.

MADAME GALLET

N'eft-ce pas jouer de malheur ? mon premier
mari était un fot, qui fe mêlait de tout; le fe-
cond a de l'efprit, et ne veut pas s'en fervir.
Ah ! mon Dieu ! mon Dieu ! je ne ferai jamais
la femme d'un homme célèbre. *(Elle fort.)*

SCÈNE V

GALLET *(feul)*

Ma pauvre femme eſt folle ! mais voyons le livre de vente. Des crédits à tout le monde, à M. le marquis, au chevalier, etc. Heureuſement le commiſſionnaire, qui vient boire ſon petit verre, et l'ouvrière qui vient chercher ſon once de café, c'est du comptant. Cela me fait penſer que le billet que j'ai fait à Michaut, pour le compte de ſon oncle Moufflard, mon correſpondant de Cognac, eſt échu depuis huit jours, et que je n'ai pas pu l'acquitter. Le dernier délai eſt expiré d'hier. Si Madame Gallet ſavait cela, elle ne ſerait pas ſi tranquille. Ce vin, ça paſſe ſans qu'on s'en aperçoive. *(On entend la pluie.)* Ah ! mon Dieu, il pleut à verſe ; il fait un temps du diable ; Piron et Panard vont être trempés, et d'une humeur.... avec ça qu'ils n'aiment pas l'eau. *(On entend frapper à la porte.)* Qui peut frapper à l'heure qu'il eſt ?

PIRON *(en dehors)*

Ouvrez, ouvrez.

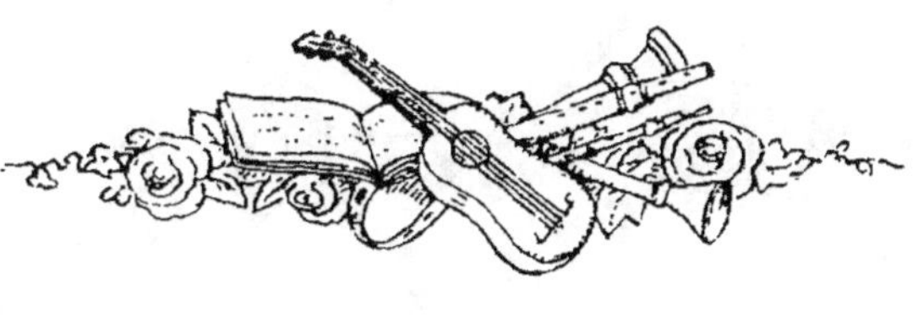

GALLET

Air : *Décacheter fur ma porte.*

Ah ! déjà la peur me gagne.

PIRON *(en dehors)*

Un renfort nous accompagne.

GALLET

Qui vient ainfi chez moi ?

PIRON *(en dehors)*

Ouvrez à l'inftant, de par le roi.

GALLET

Comment ! de par le roi ?

PIRON

De par le roi.... de Cocagne *(ter.)*

SCÈNE VI

GALLET, PANARD, PIRON, MICHAUT,
(portant un panier de vin)

GALLET

Eh ! c'eft Piron.

PIRON

Lui-même. Un peu mouillé, comme tu vois.

GALLET

Que vous eſt-il donc arrivé ?

PANARD

Mon maudit procureur m'a fait fermer la porte.

PIRON

Le maraud de ſuiſſe de l'hôtel a fait ſemblant de dormir.

PANARD

Et j'ai vu le moment où nous couchions à la belle étoile.

GALLET

C'était mal prendre ſon temps.

PIRON *(prenant la main de Gallet)*

« Mais puiſque je retrouve un ami ſi fidèle,
« Ma fortune va prendre une face nouvelle. »

GALLET

Et vous n'avez pas été arrêtés ?

PIRON

Il ne s'en eſt guère fallu.

AIR : *La bonne Aventure.*

Déjà la ronde paffait ;
   Panard, que j'entraîne,
Afin d'éviter le guet,
   Court à perdre haleine,
Je découvre un cabaret :
Nous entrons.... C'eft très-mal fait.
Mais c'eft la faute du guet,
   Ce n'eft pas la mienne.

En chœur.

C'eft bien la faute du guet,
   Ce n'eft pas la fienne.

PIRON

Et nous t'amenons maître Michaut, qui n'eft pas trop bien éveillé, comme tu vois, mais qui ne nous en apporte pas moins un panier de vin qui nous aidera à attendre le point du jour.

PANARD

Voilà ce que c'eft, Meffieurs, que de veiller fi avant dans la nuit.

PIRON

Le fommeil n'eft pas fait pour nous.

AIR : *Nous n'avons qu'un témps à vivre.*

   Sans repos, que l'on se livre
   A la joie, à l'amitié.

On a peu de temps à vivre ;
Craignons d'en perdre la moitié.

Soyons toute notre vie
Éveillés par le plaifir ;
Ce n'eft qu'à l'Académie
Qu'il eft permis de dormir.

En chœur.

Sans repos, etc.

MICHAUT

Ah ça, Meffieurs, vous favez à quelle condition je fuis venu ?

GALLET

Que lui avez-vous donc promis ?

PANARD

Une chanfon pour Suzette.

PIRON

Allons, Panard, toi qui as le vin tendre....

PANARD

Je lui en ai fait une hier, c'eft à ton tour aujourd'hui.

MICHAUT

Monfieur Piron, vous qui écrivez fi bien...

GALLET

De la décence furtout, Monfieur Piron ;
n'allez pas faire rougir ma petite Suzette.

PIRON

Sois tranquille. *(Il écrit.)*

GALLET

Ah ça ! mais es-tu fou, Michaut, avec tes
chanfons ? que ne dis-tu franchement à ma
femme que tu aimes fa fille ?

MICHAUT

Ah ! ben oui, elle n'entendrait pas de cette
oreille-là.

GALLET *(à part)*

Ce mariage-là arrangerait pourtant bien
mes affaires.

PIRON *(à Michaut)*

Tiens, voilà ta chanfon.

PANARD

Déjà ?

PIRON

C'eft comme cela que je les fais.

MICHAUT

En vous remerciant, Monſieur Piron.

PIRON

Il n'y a pas de quoi. Approche la table, débouche et buvons.

MICHAUT

M'y voilà.

GALLET

Ah ça ! Meſſieurs, vous ne ſongez pas que ma femme attend...

PIRON *chante*

A boire, à boire, à boire,
Nous quitterons-nous ſans boire ?

PANARD

Allons ! encore boire ! un joli régime.

PIRON

C'eſt le meilleur.

AIR : *Avale, avale, avale.*

La Faculté me prêcherait en vain :
Pour la ſanté, rien n'eſt tel que le vin.
Noé jadis n'inventa le raiſin
Que pour jouer un tour au médecin.

Cette recette eſt ſans égale,
Avale, avale, avale,
Avale, avale, avale ;
Tant que tu boiras,
Tu ne te plaindras pas.

MICHAUT *(à part)*

Oui, avale ; avale le vin de mon oncle, qu'ils ne lui payent pas.

PIRON *(montrant une bouteille)*

Allons, Meſſieurs.

GALLET *(à Panard)*

Ce diable de Piron a des argumens irrésistibles.

PANARD

Il finit toujours par gagner ſa cauſe.

PIRON

Dites donc la vôtre. *(Ils ſe mettent tous trois à table, et Michaut dans un coin du magaſin, où il s'endort.)*

PIRON

A votre ſanté !

GALLET *(poſant son verre)*

Ce maudit billet ne me ſort pas de l'eſprit.

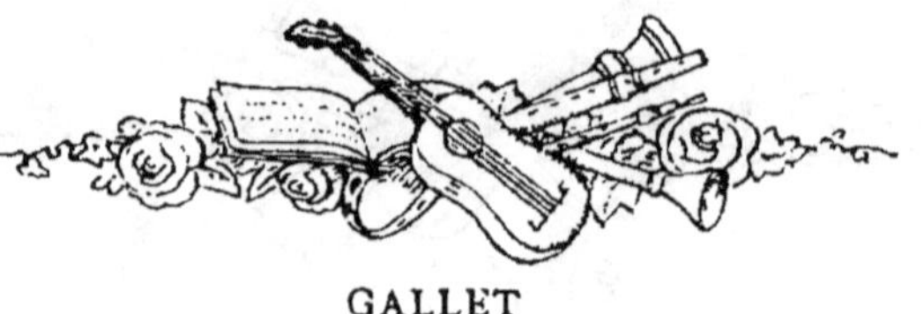

PIRON

Eh bien, qu'as-tu donc, Gallet? du fouci, du noir?

PANARD

Qui peut te rendre trifte? n'es-tu pas cent fois plus heureux que nous? tu as un bon commerce, c'eft avantageux; une bonne femme, c'eft rare; un bon lit, c'eft commode; une bonne table, c'eft charmant ; de quoi te plains-tu?

PIRON

L'embarras des richeffes. Vivent Panard et Piron, ils n'ont rien à perdre.

GALLET

Vous plaifantez, Meffieurs; mais je voudrais quelquefois être à votre place.

PIRON

Je le crois bien. Hier, par exemple, j'étais dans une jolie fituation.

GALLET

Quelque créancier qui te tourmentait ?

PIRON

Je n'ai pas ce bonheur-là,

Air : *Fille à qui l'on dit un secret.*

Je cherche partout des crédits,
Mais je ne sais comment m'y prendre ;
On ne prête aux gens, à Paris,
Que s'ils sont en état de rendre.
Les dettes font tout mon espoir,
Et lorsqu'ici plus d'un confrère
Voudrait, hélas ! n'en pas avoir,
Moi je voudrais pouvoir en faire.

PANARD

Je te reconnais bien là.

GALLET

Que t'est-il donc arrivé de si heureux ?

PIRON

Le directeur de l'Opéra comique, dont le
théâtre de Lyon vient de brûler, m'a apporté
vingt-cinq louis pour lui faire une pièce pour
l'ouverture de son théâtre de la foire Saint-
Germain.

GALLET

Vingt-cinq louis ! ah ! mon ami...

PIRON

Je les ai refusés.

GALLET

Quelle idée !

PIRON

Que veux-tu ? tu connais l'ordre du lieutenant de police, qui défend aux théâtres forains
de faire parler plus d'un acteur dans une
pièce ; tu m'avoueras que cela rend les.
ouvrages difficiles à dialoguer. D'ailleurs le
genre de l'Opéra comique n'eſt pas fait pour
moi ; aſſez d'autres travaillent en marqueterie :
je veux jeter en bronze.

PANARD (buvant)

Commence donc par être plus ſobre.

AIR de la Contredanſe de la Roſière.

> Conſulte Minerve ;
> Le vin nous énerve ;
> Pour chauffer ta verve,
> Gravis l'Hélicon :
> Dans leur vol rapide,
> Suis Plaute, Euripide ;
> Comme eux, d'eau limpide
> Remplis ton flacon.
>
> Bacchus n'inſpire
> Qu'un vain délire ;
> Fuis ſon empire
> Et ſes faveurs.

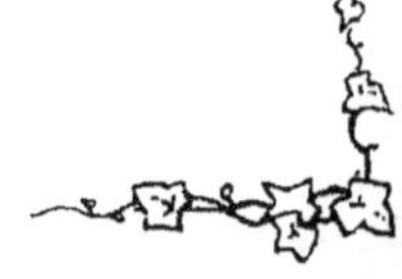

Vive faillie
A la folie
Parfois s'allie
Chez les buveurs.

Mais mal affurée,
Leur mufe égarée
N'a que la durée
De l'éclair qui fuit :
Dans le vin, qu'ils puifent,
Leurs talens s'épuifent,
Et ce qu'ils produifent
D'un fouffle eft détruit.

Des neuf pucelles,
Amans fidèles,
Sachez près d'elles
Jeter des fleurs ;
Rimeur ivrogne,
Plein de bourgogne,
Ta rouge trogne
Fait fuir les neuf fœurs,

Il faut, pour leur plaire,
Joindre au goût févère,
Ardeur de bien faire,
Travail affidu :
Boileau fit un livre
Des lois qu'il faut fuivre ;
Mais, dès qu'il s'enivre,
Un auteur eft perdu.

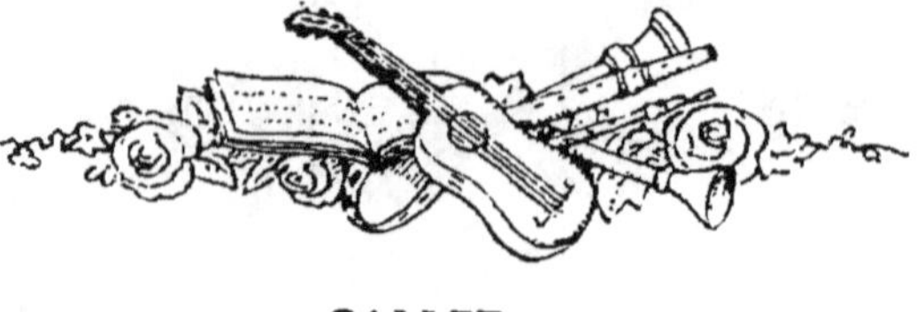

GALLET *(buvant par diſtraction)*

Je ſuis de l'avis de Panard.

PIRON

Mauvaiſes raiſons que tout cela. J'ai de meilleurs exemples à ſuivre.

AIR *de la belle Marie.*

Sur les débris d'un tonneau,
Theſpis, barbouillé de lie,
Aux enfans de la Folie
Ouvrit un chemin nouveau.
Père de la Comédie,
Ce fut à lui que Thalie
Enſeigna, dans une orgie,
L'art d'inſtruire et d'égayer :
Que ſon exemple nous frappe ;
Ce n'eſt qu'en cueillant la grappe
Qu'il a cueilli le laurier.

GALLET

Meſſieurs, voilà le ſoleil qui se lève.
(Il éteint les bougies qui ſont ſur la table,)

PIRON

Nous l'avons devancé.

PANARD

Entendez-vous les cloches de la ville ?

GALLET

Les chantres de Saint-Euftache vont commencer leur office.

PIRON

Commençons le nôtre.

AIR : *Chantons les Matines de Cythère.*

Sonnons les matines à plein verre ;
Trinquons et buvons à qui mieux mieux :
Ce n'eft qu'à table qu'on peut bien faire
L'office du dieu qui nous rend joyeux.

AIR *de Plantade.*

Oui, pour célébrer fa gloire,
Amis, fans nous arrêter,
Sachons employer à boire
Un temps qu'on perd à chanter.
Le dieu joufflu des vendanges,
Qu'avec ferveur nous fervons,
Aime moins les louanges
Que le bruit des flacons.

PIRON, GALLET ET PANARD

Reprife du premier air.

Sonnons les matines à plein verre ;
Trinquons et buvons à qui mieux mieux :
Ce n'eft qu'à table qu'on peut bien faire
L'office du dieu qui nous rend joyeux,

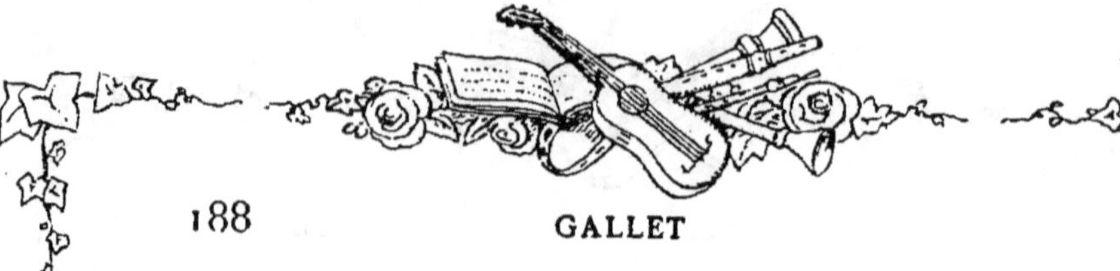

PANARD

Allons, Meſſieurs, chacun à ſa beſogne :
Gallet à ſon comptoir, Piron à ſon bureau,
Panard à ſon étude, et Michaut.... Ma foi, il
eſt parti.

GALLET

Je ſors avec vous, mes amis.

PIRON

Où vas-tu donc ?

GALLET

Chez mes débiteurs, tâcher de trouver de
l'argent.

PANARD

Serais-tu dans l'embarras ?

GALLET

Un billet proteſté.

PANARD

Il faut venir à ſon ſecours.

PIRON

Tout ce que j'ai eſt à lui.

Allons, Piron, encore une pétition au chevalier de Belle-Isle.

Et toi, ne t'eſt-il pas dû quelque choſe à ton étude ? et la femme de ton procureur... ?

Voilà de belles eſpérances.

Nous t'apporterons de l'argent.

Sois tranquille, tout cela s'arrangera ; en attendant, nous avons paſſé une jolie nuit.

AIR *du Vaudeville de Gille en deuil.*

Rempliſſons notre deſtinée,
Puiſque déjà le ſoleil luit ;
Mais tâchons bien que la journée
Soit auſſi bonne que la nuit.

Sept fois ici, dans la ſemaine,
L'amitié nous raſſemblera :
Et ſi le devoir nous emmène,
Le plaiſir nous ramènera.

PIRON, PANARD ET GALLET

Rempliffons notre deftinée,
Puifque déjà le foleil luit ;
Mais tâchons bien que la journée
Soit auffi bonne que la nuit.

(Ils fortent.)

SCÈNE VII

MICHAUT *(feul, s'éveillant)*

Eh bien, où donc font-ils ? *(Il fe lève.)* Allons, les voilà partis. Ces Meffieurs ont une jolie conduite! On pardonne encore à MM. Piron et Panard, qui font garçons ; mais M. Gallet, un homme établi ; il ne fonge pas à fes affaires ; M. Agrippard le pourfuit ; mon oncle peut arriver ; et s'il ne lui paye pas fon vin, v'là mon mariage dans l'eau. Ah! mon Dieu! j'crois que j'entends Mlle Suzette.

SCÈNE VIII

MICHAUT, SUZETTE

SUZETTE

Comment, c'eſt vous, Monſieur Michaut ?
Ici à l'heure qu'il eſt ? Y penſez-vous ?

MICHAUT

Oh! que oui, Mademoiſelle, que j'y penſe ;
et c'eſt bien pour ça que j'y ſuis.

SUZETTE

Si ma mère me trouvait ſeule avec vous, que
dirait-elle ?

MICHAUT

Ne craignez rien, Mademoiſelle Suzette ;
v'là que je m'en vais ; je ne voulais ſeulement
que vous remettre ce petit billet, que M. Piron
a eu la bonté de m'écrire pour vous.

SUZETTE *(tirant une lettre de ſa poche)*

Je n'ai pas encore trouvé un moment pour
lire celui d'hier.

MICHAUT

Vous les lirez tous les deux enfemble.

SCÈNE IX

LES MÊMES, MADAME GALLET

MADAME GALLET *(prenant les deux lettres)*

Eh bien, eh bien, qu'eft-ce que c'eft donc que ça? Michaut qui apporte à mon infu des lettres à ma fille?

SUZETTE

Ma mère...

MICHAUT

Madame Gallet, je m'en vas vous expliquer...

MADAME GALLET

Je verrai bien moi-même. Fais-moi le plaifir d'aller à ta boutique.

MICHAUT *(en fortant)*

Ah! mon Dieu! mon Dieu! v'là tout qu'eft découvert. *(Il fort.)*

SCÈNE X

SUZETTE, MADAME GALLET

MADAME GALLET

Ecoute, ma petite Suzette, tu es jeune, fans expérience ; et pour cette fois, je veux bien te pardonner ; mais déformais, plus de détours avec moi.

AIR *du Vaudeville de la Piété filiale.*

Pour réuffir, le féducteur
N'écoute que fon goût volage.
Sur les moyens qu'il fait mettre en ufage,
L'expérience inftruifit notre cœur.
Nous favons percer le myftère
Des fentiments qu'on nous cachait :
Et ce n'eft pas confier fon fecret,
Que le confier à fa mère.

SUZETTE

Je n'ai pas lu ces lettres, ma mère, mais il faut tout vous avouer...

MADAME GALLET *(à part, parcourant les lettres)*

Que vois-je, l'écriture de M. Panard et de M. Piron? Je ne me trompe pas : ce font deux déclarations. Ils aimeraient ma fille! c'eft fingulier; ils ne m'en ont jamais rien dit. L'un des deux deviendrait mon gendre! quel honneur pour moi! Cela eft très différent. *(Haut.)* Réjouis-toi, mon enfant, tu es deftinée à devenir l'époufe d'un homme qui fera quelque jour célèbre.

SUZETTE

Comment donc, ma mère? *(A part.)* Qui aurait cru ça de Michaut?

MADAME GALLET

Seras-tu bien fenfible à cet honneur?

SUZETTE

Pourvu que mon mari me rende heureufe...

MADAME GALLET

Ah! mon Dieu, j'en perdrais la tête. Mais... me voilà dans un grand embarras. Choifir entre ces deux hommes-là, cela n'eft pas facile.

Air: à Vénus difait Junon.

De Panard et de Piron,
Qui prendrai-je pour mon gendre !
Ces deux enfans d'Apollon
Ont même droit d'y prétendre ;
Duquel couronner les feux !
Hélas ! dans ce doute affreux,
Ne puis-je, au gré de mes vœux,
Les accepter tous les deux.

SUZETTE

Maïs, ma mère, qui parle de M. Panard et de M. Piron ?

MADAME GALLET

Comment ! qu'eſt-ce qui parle d'eux ? tout Paris, Mademoiſelle.

SUZETTE

Mais qui a pu vous dire....

MADAME GALLET

Ces lettres qu'ils t'écrivent.

SUZETTE

Mais vous ne comprenez pas...

MADAME GALLET

Je fais lire, peut-être ?

SUZETTE

Sans doute ; mais...

MADAME GALLET

Tais-toi, je te dis ; et ne fonges qu'à l'honneur que te font deux hommes qui donnent de fi belles efpérances. Ce n'eſt pas l'embarras, avant de m'époufer, M. Gallet promettait bien auffi ; mais, depuis que nous fommes mariés... ah ! les hommes ! les hommes !

SCÈNE XI

LES MÊMES, M. MOUFFLARD

M. MOUFFLARD

Holà ! quelqu'un. Eſt-ce qu'on n'eſt pas encore levé, ici ?

MADAME GALLET

Eh ! c'eſt Monſieur Moufflard.

M. MOUFFLARD

Vous ne m'attendiez pas ſitôt, n'eſt-pas ? j'ai quitté Cognac à l'impromptu. Je faifais partir

une voiture de marchandiſes pour Paris ; je
me ſuis dit, un quintal de plus, ça n'eſt pas la
mort d'un cheval ; je me mets ſur deux ton-
neaux ; nous partons, et me voilà. Comment
ſe porte Gallet ?

MADAME GALLET

Aſſez bien, Dieu merci.

M. MOUFFLARD

Il ne voyage pas, lui ?

Air *du Vaudeville du Ballet des Pierrots.*

Suivant des coutumes plus ſages,
Pour entretenir la gaîté,
Je ſais fleurir par mes voyages,
Et mon commerce et ma ſanté.
Aucun ſouci ne m'importune ;
J'aime à manger, boire et dormir ;
Et, ſi j'arrondis ma fortune,
Je tâche auſſi de m'arrondir.

MADAME GALLET

Vous y réuſſiſſez aſſez bien.

M. MOUFFLARD

Mais je ne me plains pas. Mon caiſſier
trouve que ça va bien. Mon médecin dit que

ça ne va pas mal, et je fuis de l'avis de tous deux.

AIR : *En revenant de Bâle, en Suiffe.*

Tout Cognac connaît mon enfeigne ;
Je fuis le coq des gros marchands ;
Il ne faut pas que je me plaigne,
Je ne manque pas de chalands.
  Veut-on faire emplette
  De café, de riz,
  De liqueur parfaite,   *(Bis.)*
  On vient au *Bon-Henri.*

MADAME GALLET

Au *Bon-Henri ?* c'eft la nouvelle enfeigne que vous avez prife ?

M. MOUFFLARD

Et je m'en applaudis. Mais la petite Suzette ? eft-ce qu'on ne penfe pas à la marier ?

SUZETTE

Ah ! ça n'eft pas preffé, Monfieur.

MADAME GALLET

Je m'en occupe.

M. MOUFFLARD

J'ai un parti à vous propofer,

SUZETTE *(à part)*

Allons, encore un mari.

M. MOUFFLARD

Mais nous cauſerons de cela plus tard. Comment vont les plaiſirs? car, à Paris, c'eſt la première affaire.

MADAME GALLET

Je n'ai guère le temps de m'occuper de cela : et mon commerce...

M. MOUFFLARD

Ah ! c'eſt cela, le commerce avant tout, c'eſt bien, mais vous devez laiſſer ce ſoin-là à Gallet.

MADAME GALLET

Il ne tardera ſûrement pas à rentrer. Il eſt occupé dans ce moment-ci...

M. MOUFFLARD

De quelque opération ?

MADAME GALLET

D'une chanſon qu'il finit,

M. MOUFFLARD

Ah! c'eſt différent. *(A part.)* On ne m'a pas trompé.

MADAME GALLET

Ah ça! Monſieur Moufflard, en relation d'affaires avec mon mari, comme vous l'êtes, j'eſpère que vous n'irez pas loger ailleurs que chez nous.

M. MOUFFLARD

Si vous le voulez abſolument...

MADAME GALLET

Comment donc ? je l'exige. Suzette, viens avec moi préparer la chambre de Monſieur. Je ſuis bien fâchée de vous quitter; mais vous ſentez que quand on eſt ſeule à la tête d'une maiſon.... Ah! à propos, évitez, je vous en prie, de parler commerce à mon mari; ça rétrécit ſes idées. Je ne veux pas qu'il ſe mêle de cela. Qu'il travaille pour la gloire. C'eſt un homme d'eſprit que mon mari, et j'eſpère bien qu'un jour... Je ſuis votre ſervante, Monſieur Moufflard. *(Elle ſort avec Suzette.)*

SCÈNE XII

M. MOUFFLARD, FRANCISQUE

M. MOUFFLARD *(fur l'avant-fcène, fans voir Francifque.)*

Je vois que j'ai bien fait de me mettre en règle. Ah! Monfieur Gallet, vous négligez un état inutile pour des folies; vous laiffez protefter vos billets, mais j'ai obtenu fentence, la voici, et fi je ne vois pas plus d'ordre chez vous, je la mets à exécution.

FRANCISQUE *(à part)*

M. Piron à refusé hier mes offres ; mais ne nous rebutons pas. Il doit être ici, ne négligeons rien pour le décider à travailler pour mon théâtre. *(Haut.)* Eft-ce M. Gallet à qui j'ai l'honneur de parler?

M. MOUFFLARD

Non, Monfieur, je fuis un de fes confrères,

FRANCISQUE *(à part)*

C'eſt ſans doute quelqu'un des auteurs de ſa ſociété.

M. MOUFFLARD

Monſieur eſt probablement du corps des épiciers.

FRANCISQUE

Je ſuis directeur.

M. MOUFFLARD *(à part)*

C'eſt un ſyndic de la communauté.

FRANCISQUE

Je venais prier M. Gallet...

M. MOUFFLARD

Nous pourrons faire enſemble quelques affaires, Monſieur. Mon nom eſt connu ; j'ai fait mes preuves dans ma partie... mais je ne m'aveugle pas.

AIR *de la Pipe de tabac.*

A fixer la foule inconſtante
Pouvais-je ne pas réuſſir ?
D'un roi chéri, que chacun vante,
A propos j'ai ſu me ſervir,

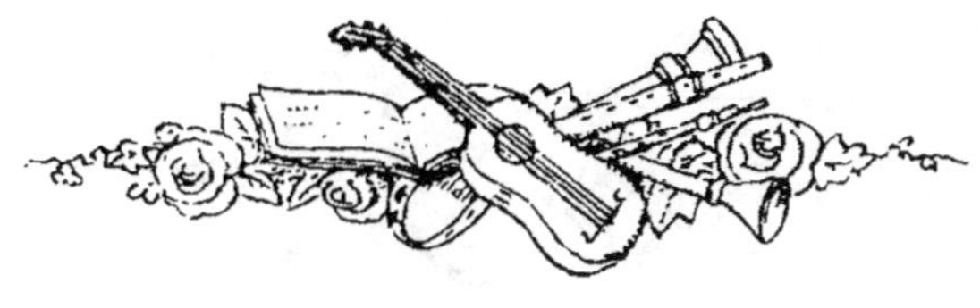

> A fes drapeaux avec conflance
> . Comme la fortune a fouri,
> Moi, j'ai placé mon efpérance
> Sous l'enfeigne du *Bon-Henri*.

FRANCISQUE

Et le fuccès a couronné votre entreprife.
(A part.) C'eft M. Collé, l'auteur de la *Partie de Chasse.*

M. MOUFFLARD

J'arrive de province, j'apporte du nouveau.

FRANCISQUE

Quelque pièce?

M MOUFFLARD

Première qualité. *(A part.)* On connaît l'eau-de-vie de Cognac.

FRANCISQUE

Il ne faut pas demander s'il y a de l'efprit?

M. MOUFFLARD

Vingt-trois degrés.

FRANCISQUE

Toujours plaifant, Monfieur.

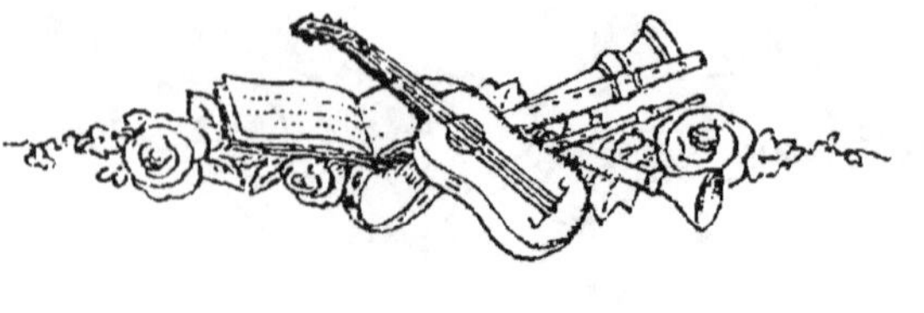

M. MOUFFLARD

Non, morbleu, je ne plaifante pas. Et fi vous voulez en effayer...

FRANCISQUE

Monfieur, c'eft trop d'honneur pour moi. *(A part.)* Quel coup de fortune fi je pouvais attacher M. Collé à mon théâtre!

M. MOUFFLARD

Cela vous convient-il?

FRANCISQUE

J'accepte avec empreffement. J'étais fur le point de traiter avec M. Piron...

M. MOUFFLARD

Fi donc! M. Piron? ce nom-là eft inconnu parmi nous.

FRANCISQUE *(à part)*

Jaloufie d'auteur. *(Haut.)* Ah! Monfieur, vous feul pouvez réparer les malheurs que j'ai éprouvés.

M. MOUFFLARD

Quelque banqueroute?

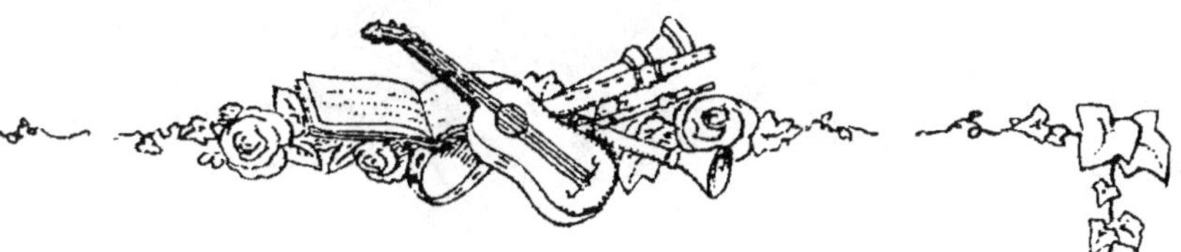

FRANCISQUE

Mon entreprife de Lyon m'a ruiné; la flamme a confumé...

M. MOUFFLARD

Vos magafins.

FRANCISQUE

Je n'ai pas pu fauver un habit.

M. MOUFFLARD

Vous n'aurez pas à vous repentir de vous être adreffé à moi.

FRANCISQUE

J'en fuis certain d'avance. Mais il me faudrait cela pour l'ouverture de la foire Saint-Germain.

M. MOUFFLARD

Je puis vous le livrer demain.

FRANCISQUE

Demain? foit.

M. MOUFFLARD

Votre établiffement eft donc à la foire Saint-Germain?

FRANCISQUE

Oui, Monſieur; et Dieu merci, les années précédentes, je n'ai point eu à me plaindre de mes recettes.

AIR : *Du petit Mot pour rire.*

Si le public eſt exigeant,
J'ai déjà remarqué ſouvent,
   Que la gaîté l'attire.
J'ai ſoin de n'offrir que du bon ;
Et j'y joins toujours pour raiſon,
   Le petit mot *(bis)* pour rire.

M. MOUFFLARD

Il faut cela dans cet état-là.

FRANCISQUE

Voici un à-compte, Monſieur, que je vous prie d'accepter. Je vous remettrai le reſte...

M. MOUFFLARD

Pourquoi donc, Monſieur? Gardez, gardez, je ne veux pas d'argent d'avance.

FRANCISQUE

Je ne traite jamais autrement.

M. MOUFFLARD

Puiſque vous l'exigez...

FRANCISQUE

Je vous en fupplie. Vous connaiffez fans doute l'ordre du lieutenant de police.

M. MOUFFLARD

Oui, oui, foyez tranquille, il ne nous prendra pas en contrebande.

FRANCISQUE

Sans adieu, Monfieur. Où pourrais-je vous revoir ?

M. MOUFFLARD

Ici. L'ami Gallet me loge pour quelques jours. Mais je ferai porter chez vous...

FRANCISQUE

Ne prenez pas cette peine ; je reviendrai et j'efpère bien que ce ne fera pas la dernière affaire que nous ferons enfemble. *(A part, en fortant.)* Ah ! quel bonheur pour moi d'avoir rencontré M. Collé !

SCÈNE XIII

M. MOUFFLARD, GALLET

M. MOUFFLARD

Ma foi! vive Paris pour aller vite en affaires.

GALLET *(à part)*

Je n'ai pas pu trouver un fou. *(Haut, en l'em-
braſſant.)* Eh! bonjour, mon cher Monſieur
Moufflard, ſoyez le bienvenu. *(A part.)* Que le
diable t'emporte! *(Haut.)* C'eſt bien aimable à
vous de venir ainſi ſurprendre les gens. Avez-
vous fait un bon voyage?

M. MOUFFLARD

J'eſpère au moins qu'il ſera lucratif. J'ai
déjà conclu un marché depuis mon arrivée.
Mais nous devrions profiter du moment où
votre femme n'eſt point ici pour régler...

GALLET

J'admire votre activité, Monſieur Moufflard.

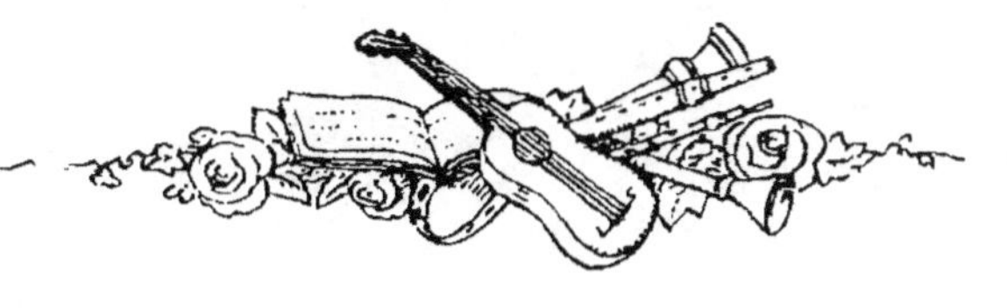

M. MOUFFLARD

C'eſt l'àme du commerce ; mais ce n'eſt pas cela dont il s'agit. Votre billet...

GALLET

Vous dînerez avec nous.

M. MOUFFLARD

C'eſt mon intention.

GALLET

Je veux vous faire trouver avec deux de mes amis, qui vous divertiront. Ce ſont bien les plus drôles de corps... Eh ! parbleu, les voici.

M. MOUFFLARD *(à part)*

Ah ! pour le coup, cela eſt clair, et je n'ai plus de ménagements à garder avec cet homme-là.

SCÈNE XIV

LES MÊMES, PIRON, PANARD

PIRON *(s'eſſuyant le front)*

Ouf ! J'ai couru comme un diable, et je ne rapporte rien. Ce maudit argent eſt plus rare...

14

PANARD

Mon procureur, fans me donner un liard, m'a prié poliment de ne plus rentrer chez lui.

GALLET *(à part)*

Voilà deux coquins qui arrangent bien mes affaires. *(Il leur fait figne qu'ils font devant M. Moufflard.)*

PIRON *(bas à Gallet)*

Sois tranquille. *(Haut.)* Eh bien! mon cher Gallet, nous venons te demander à dîner. A chaque bonne affaire que tu fais, nous nous réuniffons chez toi, et j'efpère que celle d'hier...

GALLET

Meffieurs, je vous préfente M. Moufflard, mon confrère, et le premier négociant de Cognac.

PANARD

J'en ai beaucoup entendu parler.

PIRON

Et moi donc! Il n'était queftion à Dijon que de fon excellente eau-de-vie.

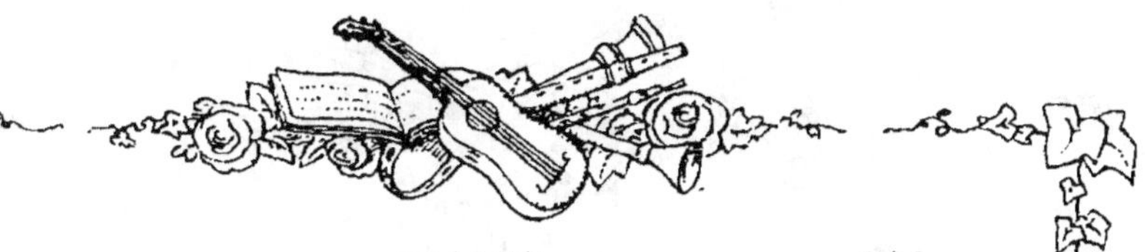

M. MOUFFLARD

Monſieur eſt de Dijon?

PIRON

Oui, Monſieur.

M. MOUFFLARD

J'y ai des correſpondants; c'eſt un pays bien fertile....

PIRON

En grands hommes.

AIR: *Mon père était pot.*

De la gloire de ſes enfants,
Cette ville s'honore.
Paris admire vingt talents
Que Dijon vit éclore,
Sans les beaux eſprits
Que ce beau pays
Peut-être encore nous garde,
J'y vois des auteurs,
De grands orateurs.

M. MOUFFLARD

Et de bonne moutarde.

PIRON

C'eſt vrai, Monſieur, elle eſt célèbre auſſi.

M. MOUFFLARD

Monſieur en vend peut-être?

PIRON

Non, Monſieur, mais j'en mange.

M. MOUFFLARD

Ah ! Monſieur, je vous demande pardon.

PIRON

Pourquoi donc ? j'eſtime beaucoup le commerce, et ſurtout l'agriculture.

AIR : *J'aime ce mot de gentilleſſe.*

Ce fut Cérès qui la première,
Pour le bonheur du genre humain,
Nous offrit, en ouvrant la terre,
Les tréſors cachés dans ſon ſein.
Mercure fut marchand lui-même;
Phœbus égare la raiſon,
Et les leçons de Triptolême
Valent bien celles d'Apollon.

M. MOUFFLARD

Je ne connais pas ces commerçants-là;
mais je ſuis de votre avis.

PIRON

Moi, Monſieur, je ſuis fils d'apothicaire, et
médecin moi-même.

GALLET *(bas à Piron)*

Es-tu fou ?

PIRON *(de même)*

Laiffe-moi faire.

PANARD

Monfieur eft bien le médecin le plus gai de toute la Faculté ; il ne traite pas fes malades comme un autre.

AIR : *Cet arbre apporté de Provence.*

Pour feule tifane il leur donne
Du vin de Champagne moufleux.
Au mélancolique il ordonne
Du flon flon le fecours heureux.
Avec quelques grains de folie,
Il chaffe l'humeur du cerveau ;
Et pour guérir d'une infommie
Il confeille un drame nouveau.

M. MOUFFLARD

Voilà un docteur qui me plairait fort.

PANARD

Il ne guérit que les malades d'efprit.

M. MOUFFLARD

Alors, c'eft différent. Puifque vous êtes apothicaire, Monfieur, j'ai une fuperbe partie

de rhubarbe ; fi elle pouvait vous être agréable
à prendre...

PIRON

En vous remerciant.

M. MOUFFLARD

Dame ! Quelquefois.... on ne fait pas.
Voilà Gallet que je fournis depuis longtemps,
et...

PIRON

Qui n'en fait pas plus mal fes affaires, n'eft-
ce pas ? Il cache fon jeu ; mais il eft riche,
très-riche, fa maifon eft la plus achalandée
du quartier. Tenez, il rit, regardez plutôt. Qui
ne dit mot confent. *(Bas à Gallet.)* Ris donc.

M. MOUFFLARD

Allons, Gallet, mon ami, pourquoi vous en
défendre ? ce n'eft pas le petit compte que
nous avons enfemble...

GALLET

Il devrait être foldé, et je vais...

M. MOUFFLARD

Eh ! non, non : après le dîner. Je ne fuis
point inquiet. Cependant fi vous voulez...

PIRON *(l'arrêtant)*

Eh bien, Monſieur Moufflard, ne comptez-vous pas jouir un peu des agrémens de la Capitale?

AIR : *Ah! voilà la vie, etc.*

Pourſuivre ſans ceſſe
Les jeux et les ris,
Paſſer dans l'ivreſſe
Les jours et les nuits :
Ah! voilà la vie,
  La vie ſuivie,
Ah! voilà la vie,
Que l'on mène à Paris.

PANARD

Tromper des coquettes,
A table être gris,
Courir maintes fêtes,
Y mourir d'ennuis,
Ah! voilà la vie,
  La vie, etc.

M. MOUFFLARD

Conter cent fornettes,
Ab hoc et *ab hac*,
Lire les gazettes,
Jouer au tric trac :
Ah! voilà la vie,
  La vie ſuivie,

Ah ! voilà la vie,
Que l'on mène à Cognac.

SCÈNE XV

LES MÊMES, MADAME GALLET

PANARD

Mais voici Madame Gallet.

M. MOUFFLARD *(à part)*

Sa fortune est en meilleur état que je ne croyais. C'est le moment de faire ma demande. *(Haut.)* Je vous ai fait part, tantôt, Madame, d'un projet que je désire fort voir réussir. Ces deux Messieurs paraissent être vos amis, et je puis m'expliquer devant eux.

GALLET *(à part)*

Je tremble. Où diable veut-il en venir ?

M. MOUFFLARD

On m'avait écrit que votre commerce n'allait pas bien.

PIRON

Pure calomnie.

M. MOUFFLARD

Vous profpérez ; tant mieux. Je ne ferai pas fâché que nos deux maifons foient rapprochées par un lien de plus, et je vous demande la main de votre fille pour mon neveu Michaut. Ce parti vous convient-il ?

GALLET

Comment donc, Monfieur Moufflard ? Il n'y a pas de doute...

MADAME GALLET

Je fuis défefpérée de vous refufer ; mais cela ne fe peut pas.

GALLET

Mais, ma femme, y penfez-vous ?

MADAME GALLET

Je fais ce que je fais, Monfieur Gallet ; et j'ai mes raifons pour en agir ainfi.

M. MOUFFLARD

J'aurais cru cependant...

MADAME GALLET

Michaut eſt un fort honnête garçon ; je lui rends juſtice ; un peu simple.

M. MOUFFLARD

C'eſt mon neveu.

GALLET

Ça ne fait pas de mal pour un mari.

MADAME GALLET

Mais, il ne peut être mis en comparaiſon avec les perſonnes qui ſe préſentent.

PIRON ET PANARD

Comment ! Madame Gallet ?...

MADAME GALLET *(à chacun)*

Soyez tranquille ; je n'y conſentirai pas.

GALLET

Mais ma femme....

MADAME GALLET

C'eſt un parti pris.

M. MOUFFLARD

Oui, c'eſt comme cela ? Eh bien : je prends le mien auſſi, et rira bien qui rira le dernier.

Ah ! Madame, un marchand de vin ne vous convient pas pour gendre...

PIRON

Il me conviendrait bien à moi.

M. MOUFFLARD

Plus de rapport entre nous déformais. Je ne voulais point ufer de rigueur avec vous ; mais, puifque vous m'y forcez, lifez ce papier, Madame, et faites vos réflexions. *(Il remet un papier à Madame Gallet.)*

GALLET, PIRON ET PANARD *(courant après lui)*

Monsieur Moufflard !

M. MOUFFLARD

Je n'entends rien. *(Il fort.)*

SCÈNE XVI

LES MÊMES, EXCEPTÉ M. MOUFFLARD

MADAME GALLET *(lifant le papier)*

Ah ! mon Dieu ! que vois-je ? une fentence !

TOUS

Une fentence !

GALLET

Voilà où nous conduifent vos folies, Madame Gallet.

MADAME GALLET

Dites donc les vôtres ; mais Dieu me pardonne, c'est de l'écriture de M. Panard !

GALLET

Comment, malheureux, tu fais des fentences contre moi ! Monfieur Panard, ce trait eft abominable.

PANARD

Que veux-tu ? mon ami, c'est fans doute le maudit exploit qu'on m'a fait expédier hier en laiffant les noms en blanc.

GALLET

Mauvaife excufe, Monfieur ; votre conduite eft affreufe. Se prêter à me pourfuivre pour du vin qu'il a bu ! Car, enfin, tu le fais, Piron, ce n'eft fûrement pas moi.....

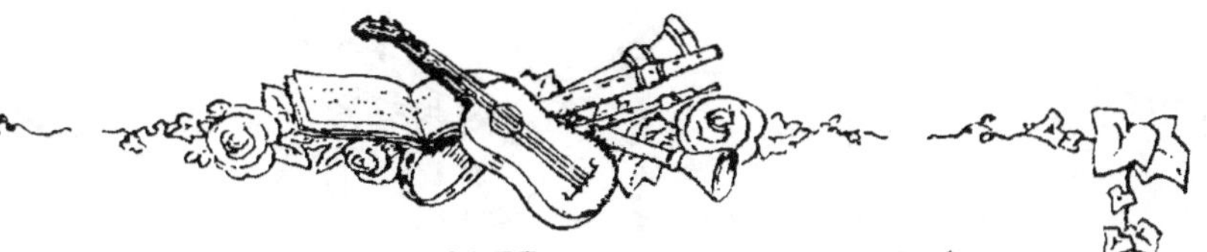

PANARD

Ce n'eſt pas ce que j'en ai pris.....

PIRON

Allons, Meſſieurs, ne vous diſputez pas : j'en ai bu les trois quarts ; je les mets sur ma conſcience ; mais chargez-vous du reſte.

GALLET

Il s'agit bien de plaiſanter, quand on va peut-être me mener en priſon.

MADAME GALLET

En priſon ?

PIRON

Eh bien ! nous t'y ſuivrons.

GALLET

Tu en parles bien à ton aiſe.

AIR : *Frère Jean à la Cuiſine.*

PIRON

Dans la priſon la plus noire
On peut braver le chagrin,
Et paſſer son temps à boire,
Sans compter le prix du vin.

Uſuriers,
Créanciers,
Là vos droits ſont des ſornettes ;
Et ſi l'on y ſait des dettes,
On n'y craint plus les huiſſiers. *(Ter.)*

PANARD

Quelquefois cette retraite
Sert à mûrir la raiſon.
On a vu plus d'un poète
S'illuſtrer dans ſa priſon.
Mes amis,
Mon avis
Eſt que ce lieu doit ſéduire,
Puiſque Milton, qu'on admire,
Y trouva ſon paradis. *(Ter.)*

GALLET

Allez au diable, vous et votre paradis.

SCÈNE XVII

LES MÊMES, MICHAUT, M. MOUFFLARD

MICHAUT *(à M. Moufflard)*

Mais je vous dis, mon oncle, que je vais
leur faire entendre raiſon.

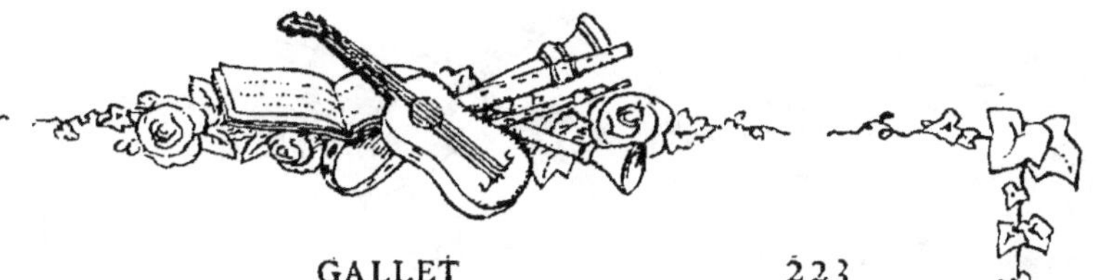

M. MOUFFLARD

Cela n'est pas possible.

MADAME GALLET

Ah ! Monsieur, que j'ai de pardons à vous demander pour la petite vivacité...

M. MOUFFLARD

Pourquoi donc, Madame ?

GALLET

Monsieur Moufflard, n'est-il pas possible d'arranger cette affaire-là ?

M. MOUFFLARD

Il me faut mon argent, Monsieur ; les termes sont échus ; et puisque vous faites de si belles opérations...

PIRON ET PANARD

Allons, Monsieur Moufflard..... entre confrères...

SCÈNE XVIII ET DERNIÈRE

LES MÊMES, FRANCISQUE. *(Pendant cette scène, Suzette entre)*

FRANCISQUE

Pardon, Meſſieurs, ſi je vous dérange ; mais je croyais trouver ici. *(Apercevant M. Moufflard.)* Ah ! Monſieur, je ſuis enchanté de vous revoir.

M. MOUFFLARD

Tout à vous, Monſieur.

PIRON

Ah ! parbleu, c'eſt mon directeur de l'autre jour !

FRANCISQUE

Je ne me trompe pas, c'eſt M. Piron. Vous me voyez le plus heureux des hommes. Monſieur a eu la bonté de me promettre un ouvrage. *(A Moufflard.)* Monſieur, excuſez mon impatience, mais le temps preſſe, mes acteurs vous attendent ; ſi vous vouliez avoir la complaiſance de venir diſtribuer les rôles de votre pièce.

M. MOUFFLARD

Quel diable de jargon me tenez-vous là ?

FRANCISQUE

Ne m'avez-vous pas promis bientôt une
pièce...

M. MOUFFLARD

D'eau-de-vie. Vous l'aurez, Monſieur.

FRANCISQUE

De grâce, Monſieur Collé, laiſſons la plai-
ſanterie, et allons au théâtre.

TOUS

M. Collé! oh! la bonne méprife.

FRANCISQUE

Venez-vous, Monſieur?

M. MOUFFLARD

J'ai des affaires plus importantes à terminer
ici. Si vous n'êtes pas content, Monſieur,
marché nul; voici vos vingt-cinq louis. *(Il tire
une bourſe.)*

FRANCISQUE

Je n'en veux pas, Monſieur.

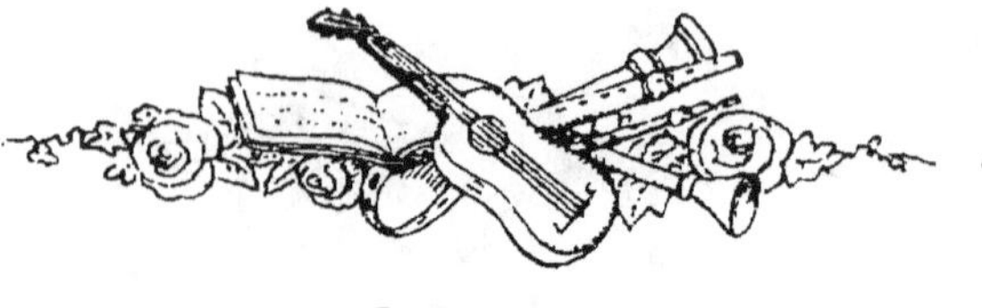

PIRON *(prenant la bourfe)*

Et moi je les accepte, Monſieur le directeur. Il vous faut une pièce pour l'ouverture de votre théâtre, je m'en charge. Toi, Gallet, tu as un billet à payer à M. Moufflard pour du vin que j'ai bu ; je l'acquitte : tu n'iras pas en priſon, Monſieur ouvrira ſon théâtre, et quant à l'eau-de-vie de M. Moufflard, s'il veut nous l'envoyer, nous nous chargeons de la boire.

FRANCISQUE

Ce n'eſt donc pas à M. Collé...

PANARD

Monſieur eſt épicier.

GALLET

Mon cher Piron, je n'oublierai pas ce trait là.

MADAME GALLET

Ah ! Monſieur Piron, vous ſeul êtes digne d'être mon gendre.

PIRON

Comment donc cela, Madame ?

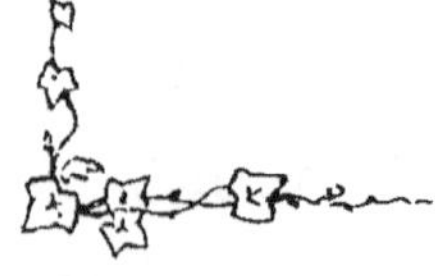

MADAME GALLET

Je sais tout. Voilà votre lettre, la voilà ; et voici ma réponfe. *(Elle lui donne la main de Suʒette.)*

MICHAUT

Comment, Madame Gallet...

SUZETTE

Mais, ma mère...

PIRON

Eh non, Madame Gallet, ce n'eft point cela. Voilà le mari qu'il lui faut ; c'eft Michaut qu'elle aime. Je n'ai fait qu'écrire pour lui, mais il fe charge du refte.

PANARD

Oui, Madame, nous étions fes fecrétaires.

MADAME GALLET

Mais qui aurait pu deviner cela ?

M. MOUFFLARD

Allons, Madame, faifons la paix. Gallet eft honnête homme, il mettra de l'ordre dans fes affaires, et je lui rends ma confiance.

MADAME GALLET

Qu'elle époufe donc Michaut, à condition qu'il apprendra à écrire.

FRANCISQUE

Je peux donc compter, Monfieur Piron.....

PIRON

Oui Monfieur. L'intérêt que je prends à Gallet a échauffé mon imagination; j'ai trouvé ce qu'il vous faut, et vous pouvez annoncer à votre théâtre : *Arlequin Deucalion*.

VAUDEVILLE

AIR : *Vous, aimables Fillettes.*

PIRON

Enfants de la folie,
Rimons force couplets;

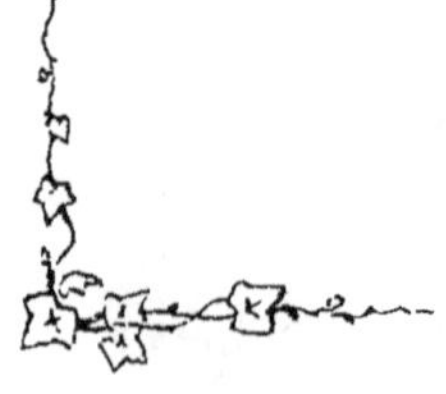

L'éclair de la faillie
N'appartient qu'aux Français :
Que nos neveux répètent
Nos à-propos grivois ;
Et qu'un jour ils regrettent *(bis)*
La gaîté d'autrefois.

PANARD

Frappant d'une main fûre,
Au temps paffé, l'amour
Faifait une bleffure
Qui durait plus d'un jour ;
Mais les flèches nouvelles
Qu'il a dans fon carquois,
Bleffent bien moins les belles *(bis)*
Que celles d'autrefois.

MADAME GALLET

Autrefois la fageffe
Faifait vivre cent ans :
Aujourd'hui la vieilleffe
Accourt avant le temps,
Et l'amour s'épouvante
De comparer, parfois,
La jeuneffe préfente *(bis)*
Aux vieillards d'autrefois.

GALLET

C'eft en vain qu'on répète
Jadis tout était mieux ;

C'eſt à tort qu'on regrette
Les mœurs de nos aïeux.
Pour les arts, les grands hommes,
Les travaux, les exploits,
Oui, le ſiècle où nous ſommes *(bis)*
Vaut tous ceux d'autrefois.

M. MOUFFLARD

Jadis auprès des belles
Je guidais les amours.
Parfois encor pour elles
J'éprouve des retours.
Mais tout près de renaître,
Trop tard je m'aperçois
Qu'on ne peut toujours être *(bis)*
Ce qu'on fut autrefois.

FRANCISQUE

Enfant de la Provence,
Le vaudeville heureux
Se fit connaître en France
Par ſes refrains joyeux.
Le ton qu'on lui fit prendre
A fatigué ſa voix ;
Mais Piron doit lui rendre *(bis)*
Ses grâces d'autrefois.

SUZETTE *(au public)*

Soutiens du vaudeville,
Ces auteurs en crédit

Éblouissant la ville
D'un feu roulant d'esprit.
Dans cette bagatelle,
Ah ! puissiez-vous parfois,
Trouver une étincelle *(bis)*
De leur feu d'autrefois.

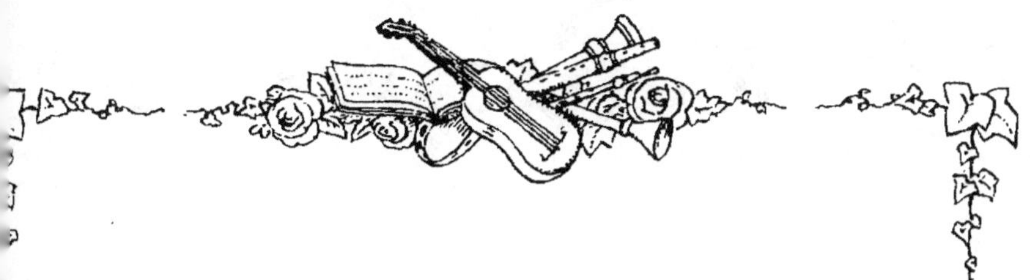

PROLOGUE

POUR L'OPÉRA COMIQUE

Foire Saint-Germain 1744
(Non joué.)

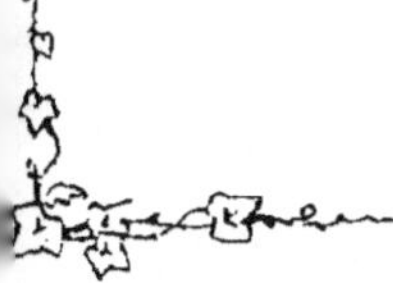

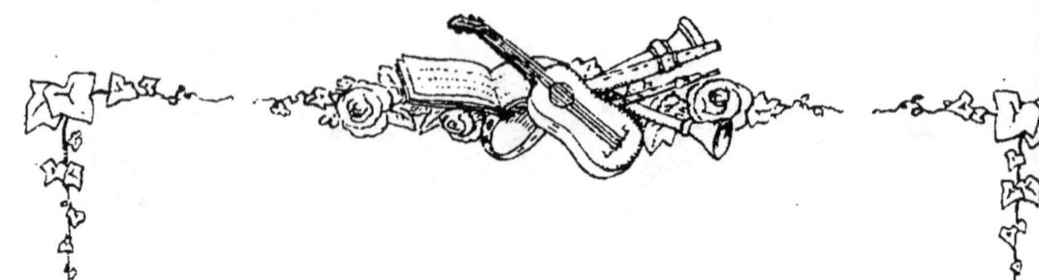

ACTEURS

L'INSPECTEUR de l'Opéra Comique.
UN ACTEUR.
DEUX AUTEURS.
ARLEQUIN.
UN COCHER.
PIERROT.

SCÈNE Ire

L'INSPECTEUR, UN AUTEUR

L'INSPECTEUR

L'Opéra Comique m'a chargé de répondre
à ceux qui viendroient luy parler; faites entrer
l'une après l'autre les perfonnes qui l'attendent
pour cela.

L'AUTEUR *(arrivant)*

Quoique la gloire foit mince à travailler
pour le comique Opéra, je ne puis m'empêcher
de m'y intéreffer.

AIR : *Du Péril.*

Pour lui faire un fort plus profpère,
Je viens en ces lieux aujourd'huy,
Car je me fens toujours pour luy
Des entrailles de père.

L'INSPECTEUR

Si l'effet répond à l'intention, il me femble
qu'on en doit beaucoup efpérer.

L'AUTEUR

AIR *de Tancrède.*

Ces efpérances font fondées :
Pour vous je fuis un vray tréfor.
Sans poffféder d'argent ny d'or,
Je fuis pourtant riche

L'INSPECTEUR

En idées.

L'AUTEUR

Vous l'avez dit ; et furtout dans le genre qui
vous convient.

AIR : *De notre Cabale.*

Il faut des ouvrages
Courts, vifs, badins, gais.

L'INSPECTEUR

Fort bien ; mais
On n'eft jamais

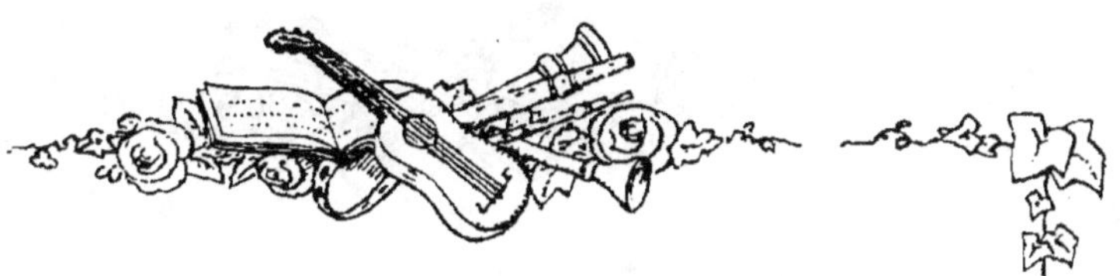

Certain des fuffrages
Qu'après le fuccès.

L'AUTEUR

Il eft vray que le public n'eft pas toujours de
l'avis de l'auteur; mais fouvent c'eft la faute
des fujets.

L'INSPECTEUR

Bon, les plus grands perfonnages ne font
pas fûrs de faire fortune.

AIR : *De Profundis.*

D'Orient, un prince puiffant,
Pour le françois trop peu décent
Sur cet horizon paroiffant,
S'eft éclipfé prefque en naiffant
Dans fon croiffant.

L'AUTEUR

AIR : *Voilà mon verre.*

Plus mal receu du parterre,
Son fucceffeur auffitoft
Retourna dans l'Angleterre
Terre terre
Retourna dans l'Angleterre,
Le ciel en haut.

L'INSPECTEUR

Le François à Londres fe porte mieux que

l'Anglois à Paris; fans doute, leur tempéra-
ment ne s'accomode pas également à l'air du
climat, et l'étranger eft plus fujet à la maladie
du pays.

L'AUTEUR

AIR: *Toure lourirette.*

Il faut que ce foit cela,
Toure lourirette liroufa.
Elle a pris Pamela,
Toure toure loure lourirette

L'INSPECTEUR

Oublions ces gens-là,
Toure lourirette liroufa.

L'AUTEUR

AIR: *C'eft ce qui vous enrhume.*

Après bien du temps, on voit, à grands frais,
Arriver chez nous du Mexique exprès
Le bon roy Montézume.
Mais de froid tranfy,
Dans ce pays-cy,
Le pauvre homme s'enrhume.

L'INSPECTEUR

AIR: *Tout mon efprit.*

Fernand Cortés, ce fameux capitaine
Qui devoit faire un fi grand carillon,

A peine peut tenir une quinzaine ;
Devant Mérope il baife pavillon.

L'AUTEUR

Perte et gain c'eſt marchandiſe ; chacun fait comme il peut :

AIR : *J'entre dans ma grotte.*

Si l'artifice amena l'affluence
    Chez les Italiens,
Pour s'attirer du public la préſence
    Par de nouveaux moyens.
Des vitriers ils chargent les registres.
    En caſſant des vitres.

L'INSPECTEUR

Bon.

L'AUTEUR

En caſſant les vitres.

L'INSPECTEUR

Le ſpectateur les paye.

L'AUTEUR

Il eſt queſtion d'avoir ſon argent et ſon amitié ; c'eſt en quoy je veux vous ayder.

AIR : *Margot ſur la brune.*

De cette cervelle,
Mainte pièce nouvelle

Sans effort fortira :
     Des parodies,
     Des comédies,
     Des tragédies,
     Des opéras ;
     Ouy tout cela
     Se trouve là.

L'INSPECTEUR

AIR : *Ce font des chapeaux.*

Et pour le comique Opéra.

L'AUTEUR

L'on en fourne, on en fournira,
Sûrement on réuffira.
L'on en fourne, on en fournira.
Tout fujet en couplet fe tourne,
L'on en fourne, l'on en fournira.

L'INSPECTEUR

Avez-vous quelque chofe pour nous?

L'AUTEUR

Voilà la capilotade, ou le fouper des acteurs.

L'INSPECTEUR

Repas frugal et qui fent le réchauffé.

L'AUTEUR

L'auteur par befoin...

L'INSPECTEUR

Air : *Amis, fans regretter.*

Serrez cela ; fy donc ! Monfieur,
Une pièce femblable
Tiendroit peut-être de l'auteur,
Elle feroit miférable.

L'AUTEUR

La Fille veuve, hiftoire véritable d'un vieux procureur qui mourut dans la journée de fes dernières noces.

L'INSPECTEUR

C'eft du tragi-comique.

L'AUTEUR

On avoit fait fon épitalame ; vous ne ferez pas fâché de l'entendre.

Air : *Au Bal du Cours.*

Plus que fexagénaire,
Le procureur Orgon,
Goûteux et poitrinaire,
Prend pour femme un tendron.
Mais comment ce barbon
Qu'un fol hymen engage
Fera-t-il fous le joug jou jou ;
C'eft eftre pour le coup cou cou,
Peu fenfé pour fon âge.

L'INSPECTEUR

Bravo! voyons autre chofe.

L'AUTEUR

L'*Amitié trahie par l'amour.*

L'INSPECTEUR

Le fujet n'eft pas neuf.

L'AUTEUR

Mais l'aventure eft toute récente : c'eft celle d'un marin qui, partant pour un voyage de long cours, mit fa femme et fa bourfe en dépôt chez un amy.

AIR: *Aye, aye.*

De retour il arriva,
Voyez quelle perfidie :
Bourfe et femme il retrouva.
Mais l'une étoit aplatie,
Aye, aye, aye,
Et l'autre arrondie ;
Jeannette, aye, aye.

L'INSPECTEUR

Vilain procédé ; paffons.

L'AUTEUR

Le *Coup de giblet ;* cela n'eft pas encore achevé ; mais...

L'INSPECTEUR

Vous l'avez dans la tefte.

SCÈNE II

L'INSPECTEUR, DEUX AUTEURS

PREMIER AUTEUR

AIR: *Eh! Mademoifelle Manon.*

Tout chacun dit comme ça :
Que vous n'avez pas tant de monde,
Et que c'eft ça qui vous fâche,
Car ça ne va pas fi bien.
Je n'en fuis pas furpris,
Puifqu'on fçait que naturellement :
Tout le monde aime à gagner
Du moins autant qu'un autre
Et quand ce ne feroit pas ça,
C'eft qu'on fe fait certain point d'honneur.
Et drez qu'une pièce a plu,
C'eft qu'on en eft content.

L'INSPECTEUR

Plait-il, Monfieur ?

DEUXIÈME AUTEUR

Écoutez :

Air: *Tandis qu'au clair de lune.*

Tandis que Sapho berne
Dans ſes vers poliſſons,
d'Anacréon moderne
Les antiques chanſons,
D'un langage ſublime,
Couronné par la rime,
Créſus fuit les appas,
Caton n'en fait que rire ;
Mais le Gaulois admire
Ce qu'il ne comprend pas.

L'INSPECTEUR

Plait-il, Monſieur ?

PREMIER AUTEUR

Air: *La Charbonnière.*

Dame, c'eſt que vous ne ſçavez pas l'eſprit
Ny le grand gouſt du jour d'aujourd'huy ;
Nous qui en avons à revendre,
Nous venons vous en apprendre.

L'INSPECTEUR

Ah ! Meſſieurs, vous m'honorez beaucoup ;
mais je vous prie de mettre vos leçons en
langue vulgaire.

DEUXIÈME AUTEUR

Voyez en nous, Seigneur, des bons mots agréables
Dans le ton de nos jours, deux puits intariſſables,

Ce qui le plus aura droit de vous étonner,
C'eſt qu'on fait de l'eſprit chez nous ſans ſe gêner.
Par un vieux préjugé qui fut pure chimère,
L'on crut que de l'eſprit le bon ſens étoit père,
Mais il devient proſcrit pour qui veut à préſent,
Chez les gens du bon ton, paſſer pour amuſant.
La morale eſt icy toujours inſupportable,
C'eſt vouloir ennuyer que d'eſtre raiſonnable.
Des parades, morbleu! de bons amphigouris,
Voilà ce qui vous peut amener tout Paris ;
Mais obſervez qu'il faut, pour ſembler admirable
Surtout à nos gourmets, donner du déteſtable.

L'INSPECTEUR

Oh! oh! en voicy bien d'une autre.

PREMIER AUTEUR

AIR : Mon Mary.

Si vous ſuivez cette méthode,
Vous ferez ſouvent viſité.

L'INSPECTEUR

Elle me ſemble fort commode,

PREMIER AUTEUR

Pas ſi commode en vérité.

L'INSPECTEUR

Meſſieurs, permettez-moy d'en rire,
Talererira, talererire.

Non vrayment, pas fi commode, car nous ne parlons pas de ce médiocre ou demy-mauvais que chacun a fous la main.

Air : *Des Billets.*

Ce qui n'eſt mauvais qu'à moitié
Eſt infipide ou fait pitié,
 L'on ne fçauroit en rire ;
Mais le parfaitement mauvais
Produit enfemble deux effets :
 L'on rit et l'on admire.

L'INSPECTEUR

Ouy da ?

PREMIER AUTEUR

Air : A*mis, fans regretter.*

Pratiquez ce qu'on vous prefcrit,
 Afin que l'on vous feſte.

L'INSPECTEUR

On n'a donc maintenant d'efprit
 Qu'à force d'eſtre beſte ?

DEUXIÈME AUTEUR

Sans doute : une bêtife bien prononcée, une platitude bien nourrie, une abfurdité bien

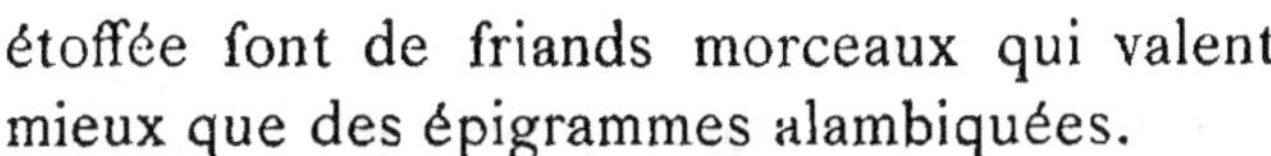

étoffée font de friands morceaux qui valent mieux que des épigrammes alambiquées.

PREMIER AUTEUR

Mais cela ne vient pas à tout le monde.

AIR : *De la Parodie.*

Pour en faire, il faut du talent,
Moy je vous en farcis pourtant
Des comédies.

DEUXIÈME AUTEUR

Moy, de la rime favory,
Je compofe en amphigoury
Des tragédies.

L'INSPECTEUR

Je fens bien qu'il n'eft pas permis à tout le monde d'aller comme vous aux antipodes du fens commun.

DEUXIÈME AUTEUR

Entre plufieurs ouvrages de ce gouft-là, nous fîmes, il y a quelque temps en fociété, un livre qu'on peut nommer: *Le Prototype de la Bibliothèque bleue.*

PREMIER AUTEUR

Il eft admirable.

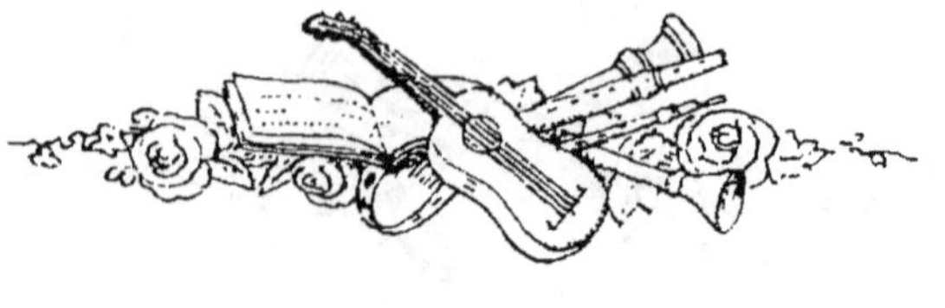

L'INSPECTEUR

Sous le nom d'étrennes, n'eſt-ce pas?

DEUXIÈME AUTEUR

Juſtement : c'eſt là ce qu'on appelle du bon
mauvais.

L'INSPECTEUR

AIR : *Le Bien.*

Du ſort mauvais ſans doute, mais
Encore pas aſſez mauvais
   Pour eſtre bon, peut-eſtre.

DEUXIÈME AUTEUR

   Vrayment,
C'eſt qu'il faut s'y connoître,
Car il eſt charmant.

PREMIER AUTEUR

Que m'importe ! pourveu qu'il plaiſe aux
perſonnes du bon gouſt moderne.

DEUXIÈME AUTEUR

Nous voulons donc vous faire des pièces
dans le même gouſt, et pour être certains de
leur réuſſite, nous les jouerons nous-mêmes.

L'INSPECTEUR

Comment donc, Meſſieurs, vous êtes auteurs et acteurs ?

DEUXIÈME AUTEUR

Ouy, Seigneur, nous fommes membres d'une troupe qui fait les délices de la bonne compagnie.

Vous nous voyez icy fûrs d'un commun fuffrage,
Prêts à mettre pour vous nos talents en ufage.

PREMIER AUTEUR

A I R : *Le Cabaret.*

Parmy nous eft un bon Pierrot,
Un Docteur avec un Caffandre ;
Un Arleqnin qui n'eft pas fot.
Et quoy que dur dans le tendre,
Nous avons un beau *(ter)* Léandre.

L'INSPECTEUR

Pefte ! voilà de bons perfonnages.

DEUXIÈME AUTEUR

A I R : *Joujou.*

Chacun remplit fon rôle, et moy
Qui me diftingue en mon employ,
J'ay le plus difficile.
C'eft moy, c'eft moy,
C'eft moy qui fais le Gille.

PREMIER AUTEUR

C'eft moy,
C'eft moy qui fais le Gille. *(Ils répètent et
fe chamaillent.)*

L'INSPECTEUR

AIR : *Jean danfe.*

Quelle difpute eft la vôtre ?
    Vous faites bien tous deux.

PREMIER ET DEUXIÈME AUTEURS

Nous le faifons tous deux,
    Mais c'eft moy qui fais mieux.

L'INSPECTEUR

Auffy bien l'un que l'autre. Faites Gilles
tous deux.

DEUXIÈME AUTEUR

Que dites-vous ?

L'INSPECTEUR

Que je vous remercie très-fort de vos pièces
et de vos acteurs. Voyez nos voifins les funam-
bules. Ou bien

AIR : *Voyelles anciennes.*

Chantez et jouez entre vous
Vos amphigouris, vos parades.
Le public, arbître des goufts,
Sans doute les trouvera fades.
Portez ailleurs ces drogues-là.
J'eftime si je ne me brouille,
Que toujours on préférera
Le roffignol à la grenouille.

SCÈNE III

L'INSPECTEUR, ARLEQUIN *(en femme)*

ARLEQUIN *(fait des révérences)*

On m'a dit, Monſieur, qu'il falloit s'adreſſer
à vous pour débuter icy.

L'INSPECTEUR

Ouy, Mademoiſelle. C'eſt vous ſans doute
qui vous préſentez pour cela ?

Sans connoître votre talent,
Il me prévient beaucoup d'avance.

ARLEQUIN

Vrayment on me dit fort ſouvent
Que j'ay l'air à la danſe.

L'INSPECTEUR

On ne peut pas plus.

ARLEQUIN

AIR : *Pierrot, Pierrot.*

Mais par le chant je me propoſe
De réussir chez les forains,
Propre pour l'une et l'autre choſe,
Monſieur, je ſuis fille à deux mains.

L'INSPECTEUR

La nature vous a bien partagée; vous ne
fçauriez manquer de plaire.

ARLEQUIN

AIR : *La bonne Aventure.*

Je dois vous remercier
De ce bon augure,
Mais fans me glorifier
Des dons de nature,
Chez moy l'on trouve à la fois
De la jambe, de la voix,
Et de la mefure, ô gué.

L'INSPECTEUR

Mademoifelle, on sçaura vous mettre en
œuvre. Mais à quels rôles vous deftinez-vous ?

AIR : *Tant amoureufe*

J'ay la figure avantageufe,
Je fais naturellement,
Ceux d'amoureuse
Je les fais parfaitement
Et tant amoureufement.

L'INSPECTEUR

AIR *de la Voifine.*

L'on y plait ordinairement
Lorfque l'on eft jolie ;
Le rôle d'amante eft charmant

Dans une comédie.
Chaque jour, grâce au dénoûment,
On fe marie.

AIR : *Réveillez*.

Et le meilleur de cette affaire,
Pour l'amoureufe et pour l'amour,
C'eft que du comique notaire
L'acte ne vaut que pour un jour.

ARLEQUIN

Vous voulez vous égayer? mais j'entends raillerie. Cependant, revenons à mes rôles d'amoureufe.

L'INSPECTEUR

Volontiers.

ARLEQUIN

AIR : *Entre l'amour et la raifon*.

Comme il arrive quelquefois
Qu'il faut jouer l'amour bourgeois,
Sans vouloir méprifer l'efpèce,
Je fens moins d'émulation,
Mais j'entre dans la paffion
Bien plus quand je fais la princeffe.

L'INSPECTEUR

Ce perfonnage fe trouve affez fouvent dans nos pièces chinoifes, turques.

ARLEQUIN

AIR

Dans ce genre, je me fignale
Si bien que j'ay d'original
Dans une pièce orientale
Joué le rôle principal.

L'INSPECTEUR

D'original ?

ARLEQUIN

Ouy d'original, avec des acteurs devant des fpectateurs du pays même et de façon à me valoir de leur part mieux que des applaudiffe- ments. Oh ! je fais la sultane à merveille.

L'INSPECTEUR

Vous avez dû être comblée d'éloges ?

ARLEQUIN

Cela eſt vray ; mais je ne donne pas beau- coup dans le vide des fuffrages : ils me pour- fuivent jufque derrière le théâtre, mais moy...

AIR *de l'Allumette.*

Je me retire et ne vais pas,
Quand je ne fuis plus occupée,
Prendre, en étalant mes appas,
Des fleurettes à la pipée.

L'INSPECTEUR

Cela eſt édifiant.

ARLEQUIN

AIR : Perrette étant deſſus.

En vain, ces galants de couliſſes
S'enviendroient m'offrir leurs ſervices,
M'entretenir, me cajoler ;
Autrement qu'à d'autres actrices,
Ils trouveroient à qui parler.

L'INSPECTEUR

On en voit peu de votre forte..., ſur ce pied-là, je plaindrois qui oſeroit...

ARLEQUIN

AIR : Vous avez à

Oh ! je rends la témérité
Circonſpe, circonſpe, circonſpecte,
J'ay certain air de dignité
Qu'on reſpecte
Malgré ma beauté.

L'INSPECTEUR

Vous prêcherez d'exemple à nos demoifelles ; je vous quitte un moment pour les aller diſpoſer à vous recevoir ſuivant votre mérite.

SCÈNE IV

ARLEQUIN *(en femme)* UN FIACRE

LE COCHER

AIR : *Et allons donc.*

Et allons donc, Mademoiſelle,
Et allons donc, montrez-vous donc,
Je vous cherche et vous appelle,
Perſonne ne me répond,
Et allons donc.

Ah ! vous voilà, et moy auſſy je ſuis venu pour vous apprendre que votre perroquet s'eſt envolé.

ARLEQUIN

Que dis-tu ?

LE COCHER

Je dis comme ça que ce commis habillé de verd qui vous a ramenée dans mon caroſſe de Neuilly où vous avez paſſé la nuit et qui vous attendoit là-bas.

ARLEQUIN

Eh bien !

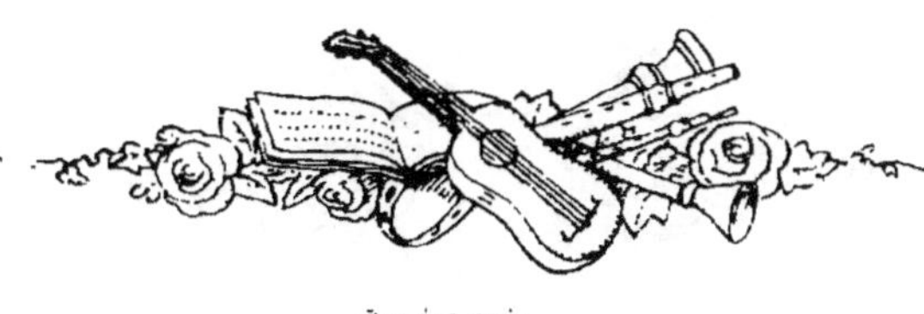

LE COCHER

Eh bien! il a battu aux routes, pendant que
je buvois demy-feptier.

ARLEQUIN

As-tu receu ?

LE COCHER

Moy! pas un rouge double;
Je viens pour me faire payer.
Ça, des noyaux.

ARLEQUIN

Que ce difcours me trouble,
Paffe encore pour un officier,

Mais un commis expofer une fille de ma
forte à de tels affronts.

LE COCHER

Je vous confeille de le révoquer.

AIR: *Un Payfan.*

Peut-être que ce freluquet
Logeoit le diable en fon gouffet.
Dépêchons-nous, la brune,
Lâchez, lachez-moy de la tune.

ARLEQUIN

Mon amy, nous allons voir à nous arranger.

LE COCHER

Votre amy ? bon, le diable l'a emporté, il n'y a plus de camarade, la rivière eſt paſſée. Depuis ſix heures que je roulons nos cadavres et que je battons lantifle ſur le pavé de Paris, je n'ay encore liché que ſept chopines de vin, mes chevaux et moy je ne vivons pas de l'air du temps. J'ay mon chien de petit gris, vous l'avez vu : tenez, il eſt gros comme une carpe de huit ſols, et il fait plus de fumier luy tout ſeul que le cheval de Troyes. Vite, du pouſſier.

ARLEQUIN

Tu as raiſon.

LE COCHER

AIR : *O ricandaine.*

Et par ainſy, payez-moy donc,
O ricandaine, ô ricandon.
Quoy que je ne fois pas méchant,
Si vous ne baillez ſur-le-champ
    De la fuɫaine,
    O ricandaine,
Chez nous vous allez voir un chien
Qui n'eſt pas tendre et ne vaut rien.
Car je vous fabouleray,
    O ricandaine,

Je vous tignoneray
O ricandé.

ARLEQUIN

Tout doucement. *(A part.)* Que faire pour me débarraffer de ce maroufle ? je n'ay pas un patard.

Air : *Lanla derirette.*

Pas tant de défordre,
Je veux te payer.
Jufqu'à nouvel ordre
Voilà mon lanla derirette,
Voilà mon collier.

LE COCHER

Ça ! eh parlez donc, Mademoifelle Clinquambelle. Eft-ce que vous voulez rire ; croyez-vous que je prenions des veffies pour des lanternes et des fouillemardes pour des hannetons ?

Air : *Du Devoir.*

Ce font des parlés au litron
De la rue du Petit-Lion.
Dame ! farpedié ! c'eft que ça t'arluit
Comme l'œil d'un marlan frit.

Je ne badine pas, moy ; il me faut del'efpèce ou de bonnes nippes.

AIR : *d'Octobre*.

Tenez, voilà votre guenille

ARLEQUIN

Cela me coûte.

LE COCHER

Il vaut cinq fols
Comme le manche d'une étrille,
Vous n'êtes pas mal en bijoux.

Puifque vous n'en avez pas d'autre, moy je pince l'efcofion et j'embande la mandille. A demain, je viendray chercher mon refte.

ARLEQUIN

A la garde ! à la garde !

LE COCHER

Ouy, à la garde ! veux-tu bien te taire ; queulle chienne de gueule tu fais ; fi je vas à toy, je te feray avaler ma varge jufqu'à la garde.

SCÈNE V

ARLEQUIN *(en femme)*, PIERROT *(en duègne.)*

ARLEQUIN

Au voleur ! à la garde !

PIERROT

Eh ! bon dieu, Mademoiselle, qu'avez-vous donc ?

ARLEQUIN

Vous voyez, Madame, comme je suis ajus-
tée par un coquin de fiacre.

PIERROT

Air : *De la Confession.*

Que vous a donc fait ce téméraire ?
Répondez, ma chère.

ARLEQUIN

Se jettant sur moy d'une affez brutale manière,
Se jettant sur moy,
Il m'a saify le cœur d'effroy.

PIERROT

Qu'a fait enfuite le téméraire ?
Répondez, ma chère.

ARLEQUIN

Le maraut m'a fait,
L'œil étincelant de colère,
Le maraut m'a fait
De fa vigueur fentir l'effet.

PIERROT

AIR : *A la Foire.*

Ma mignonne, je vous prie,
Daignez m'apprendre pourquoy.

ARLEQUIN

Si le traître en fa furie
M'a mife en ce défarroy,
C'eſt que ma bourfe
Ne renfermoit pas de quoy
Payer fa courfe.

PIERROT

AIR : *Les filles de Maintenon.*

On doit punir une telle infolence ;
Mais n'auriez-vous pas dû, vous, par prudence,
Vous expofer feule à fa violence.

Une jeune perfonne comme vous doit toujours être accompagnée de quelqu'autre, dont

l'âge mûr en impofe, furtout à Paris ; apparemment vous n'êtes pas de cette ville.

ARLEQUIN

Non, Madame, j'arrive de province. Comme les talens ne font pas dans leur jour, je viens icy faire valoir le mien fur le théâtre de la foire.

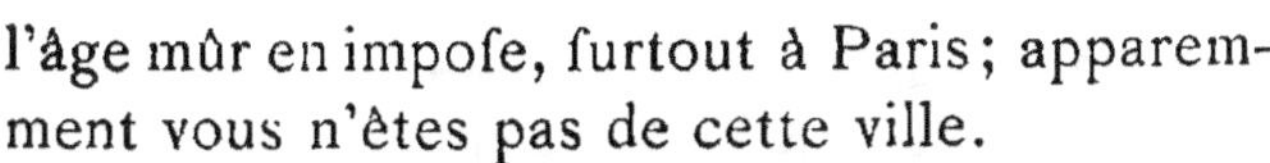

AIR : Tu ne manieras.

Mais quelque beau jour il montera
Sur les planches *(bis)*,
Mais quelque beau jour il montera
Sur les planches de l'Opéra.

PIERROT

Je le crois ; et moi, Mademoifelle, je viens chercher de l'employ à l'Opéra Comique.

AIR

Je fuis affez intelligente !

ARLEQUIN

De quels rôles vous chargez-vous ?

PIERROT

D'un feul : c'eft du rôle de tante.
Pour m'expliquer mieux entre nous,
Je pourrois devenir la vôtre,

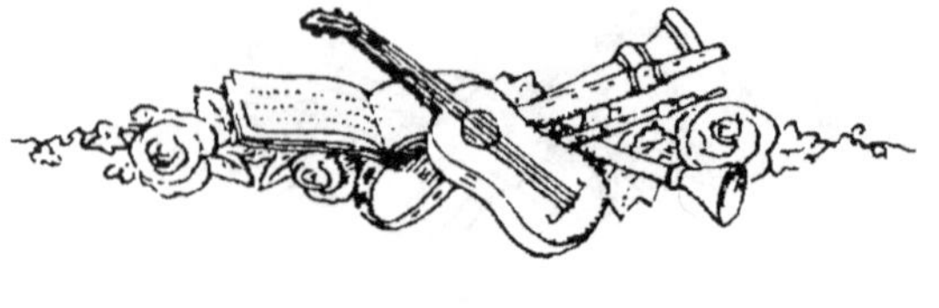

Même cela vous conviendroit.
Tout jufte ainfy l'une avec l'autre,
Nous trouverions ce qu'il nous faudroit.

ARLEQUIN

Ah! pardy, voilà qui eft neuf un rôle de tante; eh bien! ma tante, contez-moy donc cela.

PIERROT

Cela eft bien clair: une fille d'une certaine façon ne fçauroit fe paffer de tante. Vons n'en avez point, je veux vous en fervir.

ARLEQUIN

Ah! ah! ah! eh à quoy bon, s'il vous plaît?

PIERROT

A quoy bon? une tante eft une excellente emplette.

AIR : *A l'ombre de ce verd.*

En amour, une tante habile
Sçait corriger les goûts pervers
De fon innocente pupille
Prefte à donner dans des travers;
En fes défirs, tiéde et paifible,
Par fes leçons, elle pétrit
Un jeune cœur qui trop fenfible
N'a pas encore affez d'efprit.

ARLEQUIN

Un cœur qui n'a pas d'efprit, cela eft drôle,
j'ay ouy dire que ces animaux-là n'alloient pas
toujours enfemble.

PIERROT

D'accord, mais pour notre avantage, il faut
les concilier et qu'ils ne foient pas dupes l'un
de l'autre.

ARLEQUIN

AIR : *Connoiffez-vous ma Mie.*

Vous entendez ce trantranla *(bis)*
Mieux qu'aucune matrone.

PIERROT

Vrayment à l'âge où me voilà
Je fçais ce qu'en vaut l'aune.

Mais, écoutez-moy ; une fille de théâtre
trouve à chaque pas des piéges qu'elle ne
pourroit éviter fans les bons confeils de fa
tante ; par exemple :

AIR : *Par Bonheur.*

Une actrice par malheur
Peut fe coeffer d'un acteur.

ARLEQUIN

Oh! moy, je fuis coriace
Je mets tout acteur au pis,
Ma vertu ferrée à glace
Ne craint pas un Adonis.

PIERROT

Prenez-y garde.

AIR *des Pierrots*.

L'amoureux, s'il eft beau garçon,
Souvent fçait faire affez bien pour vous plaire
Quoiqu'il vous dife une chanfon
Vous croyez que c'eft tout de bon.
L'amour que le refpect fait taire
Peut en chantant s'exprimer hardiment.
De l'amoureufe, voilà juftement
Comme l'amoureux devient l'amant.

ARLEQUIN

Je fuis à l'épreuve d'une telle aventure.

PIERROT

Quand il vous rencontre, il prend l'air de
fes rôles pour vous répéter.

AIR : *Ah! Mademoifelle Cenroux.*

Ah! ma belle enfant,
Pour vous un amant
Souffre un long martyre;
Ah! ma belle enfant,

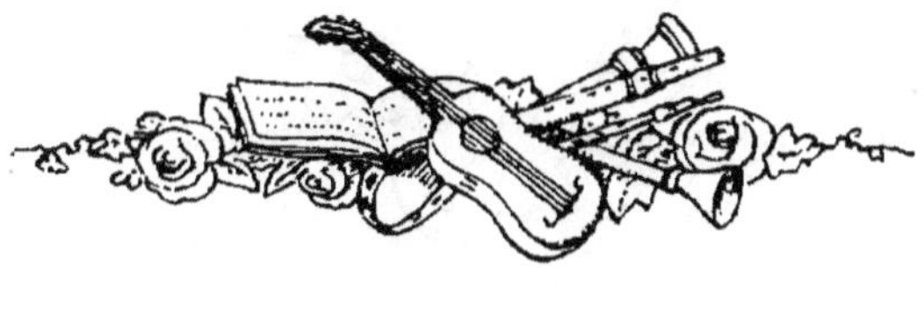

> De peur qu'il n'expire,
> Calmez ſon tourment.
> Enſuite tendrement
> Près de vous il ſoupire
> Diſant inceſſamment :
> Ah ! ma chère enfant, etc.

Quelquefois cela vient, et puis voilà notre héroïne de roman qui perd ſa fortune.

ARLEQUIN

Je ne ſuis pas fille à cela. ·

PIERROT

AIR : *V'là ce que c'eſt.*

> Elle chante avec ſon vainqueur,
> V'là ce que c'eſt que d'avoir du cœur.
> On file une frivole ardeur,
> Mais le temps ſe paſſe
> La beauté s'efface,
> Pour lors on dit avec douleur :
> V'là ce que c'eſt que d'avoir du cœur.

ARLEQUIN

N'ayez pas peur ; bon, je prends l'air pour les paroles.

PIERROT

AIR : *Bouchez.*

> Je ne dis pas qu'une fillette
> Se paſſe de toute amourette,

De l'amour je fçais le pouvoir ;
Mais je la trouverois blâmable
D'aimer gratis et fans fçavoir
Joindre l'utile à l'agréable.

ARLEQUIN

Cependant Rolland nous préfente une bête.

PIERROT

AIR : *Que je vous dife.*

Angélique eſt une bête
   Qui s'enteſte
Mal à propos de Médor.
Vive un galant magnifique
   Qui s'explique
Par préfens, il parle d'or.

Ce font de ces gens-là qu'il faut fe ménager, non pas des héros de théâtre, ni des avanturiers dont la fortune eſt étique. Le fecret de les engager forme une négociation qu'une demoifelle ne peut traiter en droiture.

AIR : *Ma Tante.*

La tante prudente
Elle fçait vous apprendre,
Vis-à-vis de pareils amants,
Comment il faut s'y prendre.

ARLEQUIN

Je m'en rapporte bien à vous,

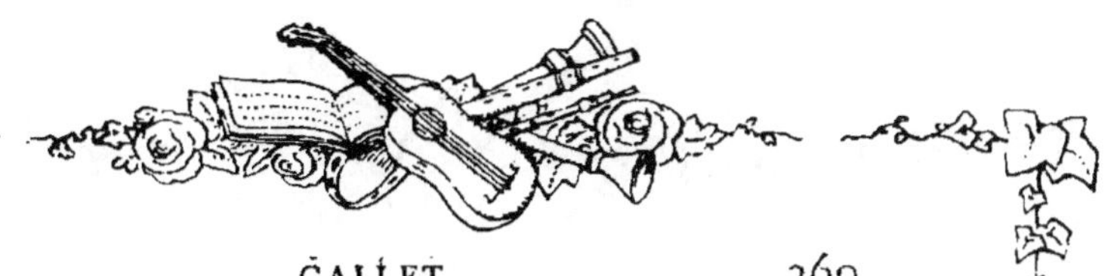

PIERROT

Je vous entretiendray dans la fuite plus au long fur cette matière; à préfent, je vous adopte pour nièce, et je ne veux plus vous quitter de crainte d'accident.

Menuel duo

A votre âge. *(Arlequin.)* A mon âge
Ce feroit un grand dommage
D'eftre prife en aimant
Et d'eftre la dupe de quelqu'amant.
La jeuneffe
Ne dure pas toujours,
Et dans nos vieux jours
Adieu les amours.
Pour nous, la tendreffe
N'eft d'aucun fecours.

Venez, ma nièce.

ARLEQUIN

Allons, ma tante.

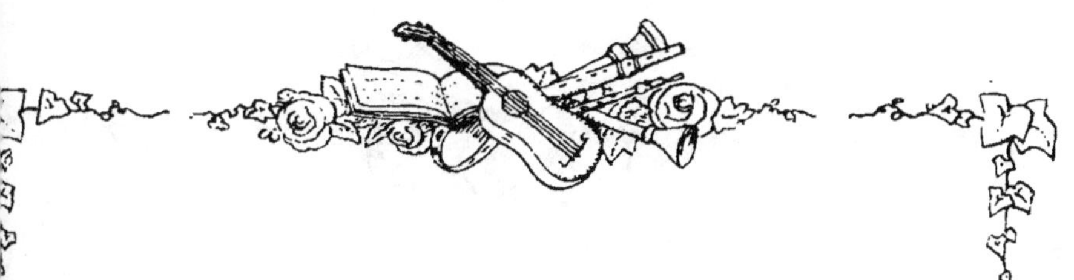

VOLTAIRE ANE

JADIS POÈTE

—

En Sybérie
de l'Imprimerie Volontaire,
1750.

PRIVILÉGE

Gilles, Blaife, Martin, par la grâce d'Apu-
lée et fous l'autorité de Midas, Grand-Maître
de l'Ordre et Société, Suprême Tribunal, Pro-
tecteur de l'Académie des Anes du Royaume.
A tous nos fujcts, affociés, frères, confrères,
amis, ennemis et autres qui ces préfentes
verront, falut. Sçavoir faifons, que veu la
Requête à nous préfentée par François-Marie
Arouet de Voltaire, peintre, philofophe, géo-

mètre, aftronome, poète, hiftorien, grammairien, théologien, mathématicien, muficien, phyficien, académicien, épicurien, athée, payen, chrétien, luthérien, janféniste, moliniste, comédien, etc., par laquelle il nous expofe que le défir qu'il a d'être de tous les corps, l'ayant engagé depuis longtems à travailler pour mériter nos fuffrages, il a préfumé de notre filence à fon égard, que nous ne l'avions pas encore jugé digne d'entrer dans notre illuftre compagnie ; mais que ne perdant point de vue le projet qu'il a formé de devenir à la fin notre confrère, il convient de fe déterminer à travailler, repolir, refondre, raccommoder, mutiler, remettre fur le théâtre, à l'ufage de nous et des nôtres, les poèmes tragiques de quelques auteurs, et notamment *Sémiramis*, *Electre* et *Catilina* du nommé Crébillon ; et qu'il efpère qu'un travail auffi fingulier, joint à quelques autres âneries qu'il a faites par le paffé le rendront recommandable parmi nous, et lui mériteront une place dans notre Académie.

Veu ladite requête fignée Arouet de Voltaire, enfemble la repréfentation defdites pièces, la philofophie de Newton mife à notre

portée, les deux ſuperbes édifices de gouſt et
de gloire bâtis par les mains dudit expoſant, et
quelques autres ouvrages de ſa façon qui lui
ont attiré (de la part des gens de la Cour) les
careſſes que l'on ſait ordinairement aux meſſa-
gers qui ne vont pas aſſez vite au moulin ; veu
ſon ardeur à pourſuivre en juſtice les imperti-
nens qui oſent attaquer ſa réputation et criti-
quer l'embompoint de ſon individu; veu ſes
réflexions sur des vérités reconnues qu'il traite
de menſonges ; veu enfin mille autres âneries
qu'il a ſaites et fera, et qui l'ont rendu, le
rendent et le rendront à jamais recommandable parmi nous ; ouï le rapport ayant égard
à la requête dudit expoſant, et ne pouvant
nous refuſer à la protection de la reine de Na-
varre qui nous parle en ſa faveur ; nous, de
notre certaine ignorance, puiſſance vuide, et
ſubordination inférieure, avons admis et ad-
mettons, aggrégé et aggrégeons à notre illustre compagnie ledit Arouet de Voltaire et lui
avons donné et donnons, octroyé et octroyons
la place de notre conſeiller traducteur ordinaire et extraordinaire des auteurs anciens et
modernes, enjoignons à tous les ânes du

royaume nos fujets et confrères, affociés externes et internes, de le regarder comme l'un des membres de notre Confeil et Académie, leur commandant expreffément de fe tenir à la porte des fpectacles fix heures avant l'ouverture, les jours qu'ils fçauront qu'on doit repréfenter fes ouvrages; de s'emparer de toutes les places et particulièrement du parterre; d'y donner le fon, d'applaudir à toute outrance, comme s'ils étoient payés, et fans être tenus d'apporter d'autres raifons, sinon que c'eft *du Voltaire;* en un mot, de le foutenir en toute occafion, en dépit des fifflets, brouhahas, pétarades, tintamarres et du bon fens ; à la charge par lui de ne fe point négliger dans les traductions, rapfodies et corrections néceffaires qu'il nous donnera, et de retravailler au refte comme un bon et loyal âne doit faire ; lui promettant d'avoir le tout pour agréable. Mandons aux ignorans ayant droit dans nos justices, et à tous nos autres officiers affociés, amis, etc., qu'ils ayent à faire obferver ces préfentes, et faire jouir ledit *Arouet de Voltaire,* nonobftant clameur de baudet, chartres arcadiennes, hauffement

d'épaules et lettres à ce contraire ; car tel eſt notre amuſement.

Donné à Montmartre l'an de notre règne l'innombrable.

PAR MONSEIGNEUR

† *Marque du ſecrétaire,*

Et ſcellé d'un ſceau repréſentant la tête d'un âne à longu⁀s oreilles, claricée d'une ſonnette ſuſpendue par un cordon rouge, avec l'inſcription : Scellé de la noble Anerie ; et ayant au revers deux pieds de chardon branchus paſſés en ſautoir à la légende de l'immortalité.

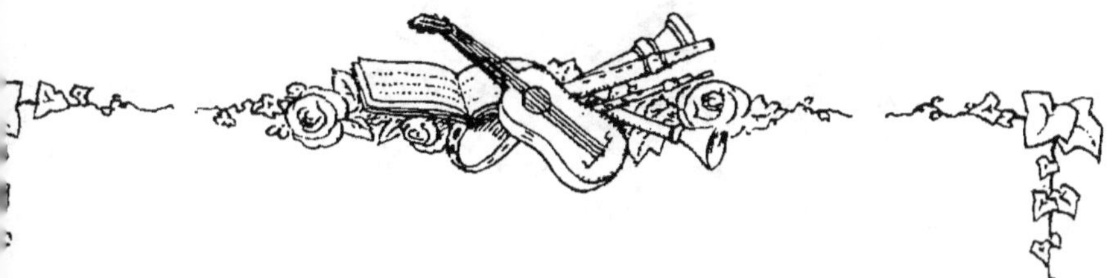

LA PÉTARADE

OU POLICHINEL* AUTEUR

Pièce qui n'a point encore paru
en foire et qui n'y paroîtra peut-être jamais.

—

(Respice finem)

—

La scène est sur le théâtre des Marionnettes
du sieur Bienfait,
à la foire de Saint-Germain.

* Nous respectons l'orthographe du mot *poli-chinel*, ainsi écrit sur le manuscrit de la Bibliothèque nationale.

SCÈNE Ire

POLICHINEL, LE COMPÈRE

LE COMPÈRE

Polichinel ! Polichinel ! Monſieur Polichinel !

POLICHINEL

Que me veux-tu, compère ? je ſuis bien em-
barraſſé.

LE COMPÈRE

Qu'as-tu qui t'embarraſſe, mon garçon ?

POLICHINEL

Je fuis en travail d'enfant, mon compère.

LE COMPÈRE

Eft-ce que tu te moques, Polichinel ?

POLICHINEL

Non, vraiment; je fuis en travail d'un enfant d'autrui qui ne fe préfente pas bien,
compère.

LE COMPÈRE

Quel galimatias me fais-tu là? Allons, des-
cends vite. Il y a ici-bas belle et bonne compagnie venue pour te voir.

POLICHINEL

La pefte foit des importuns, il faut pourtant
s'en délivrer, j'y vais. *(Polichinel arrive et fe
promène en faifant les geftes de quelqu'un qui compofe.)*

LE COMPÈRE

Parle donc, Polichinel, eft-ce comme cela
que tu reçois le monde?

POLICHINEL

Eh! parbleu, ceux qui font venus pour me

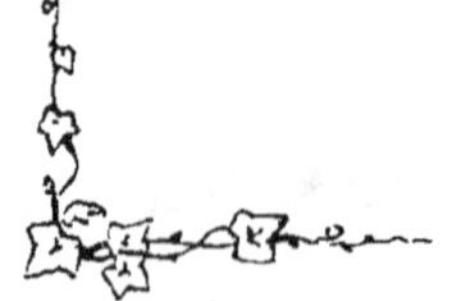

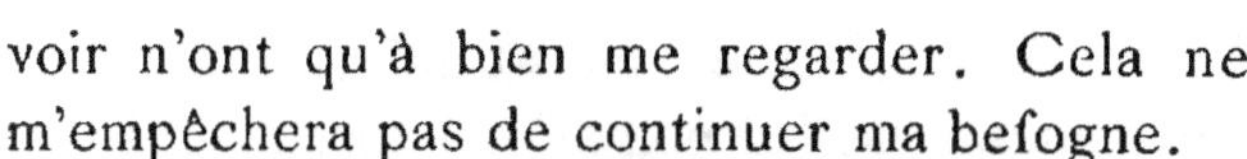

voir n'ont qu'à bien me regarder. Cela ne m'empêchera pas de continuer ma befogne.

LE COMPÈRE

Quelle eft donc, mon ami, cette befogne fi preffée? Qu'eft-ce que tu fais?

POLICHINEL

Je fais, compère… je fais…. une tragédie.

LE COMPÈRE

Bon, une tragédie! en vérité en es-tu capable? as-tu l'élévation qu'il faut pour cela?

POLICHINEL

Qu'appelles-tu *l'élévation*? Notre maifon a fept étages et je loge dans le grenier au-deffus, où je travaille.

LE COMPÈRE

Eh! mais vraiment, te voilà auteur fuivant l'ordonnance. Avec cela je te demande fi tu as affez de génie, d'imagination… d'invention… pour…

POLICHINEL

Compère! je n'ai pas appris *le génie* et je

ne fuis point *imaginaire;* mais de l'invention,
je n'en manque pas, tu peux t'en informer à la
commère dame Gigogne.

LE COMPÈRE

Tu n'es qu'un poliſſon et tu ne réponds pas.
La queſtion eſt de ſavoir ſi tu as cet heureux
grain de folie appelé *Minerve*, verve ou bien
enthouſiaſme qui fait que l'eſprit des enfants
d'Apollon vole juſques dans la ſphère lumi-
neuſe du ſoleil leur père, sublime région des
grandes idées, pour en faire un choix, en
prendre et puis avec le langage des dieux, en
fabriquer pompeuſement nombre de beautés
littéraires, admirablement incompréhenſibles.

POLICHINEL

Bredi, breda, pati, pata, etc. Tiens, compère, de tout ce que tu viens de dire, le mot
d'incompréhensibles eſt celui que je comprends
le mieux.

LE COMPÈRE

C'eſt, pauvre Polichinel, que tu n'es pas
homme d'eſprit, toi.

POLICHINEL

Ne dis-tu pas, mon pauvre compère, que les poètes font fils du Ciel?

LE COMPÈRE

Oui, mon ami, ils paſſent pour tels.

POLICHINEL

Eh bien! compère, il faut qu'il faſſe ces enfants avec la lune, car il y en a tout plein dont l'eſprit tient beaucoup d'elle.

LE COMPÈRE

Elle influe ſur bien d'autres.

POLICHINEL

Tu me parles encore de *voler*, de *prendre*, je ſais bien que le monde eſt rempli de voleurs en tout genre, mais les plus grands, les plus forts ou les plus adroits tiennent à terre de pied ferme et je plains les petits malheureux qui s'élèvent malgré eux d'environ ſix pieds en l'air, où ils ſont étouffés faute de reſpirer.

LE COMPÈRE

Il ne s'agit ni de larrons, ni de pendus, Polichinel, quand je te parle de *voler*, c'eſt, par exemple, comme un aigle qui s'élève bien haut.

POLICHINEL

Ah! c'eſt une autre affaire; mais il me ſemble, compère, qu'en s'élevant bien haut, l'on court riſque de s'eſtropier en tombant. Ma foi! vivent les dindons, mon eſprit craint la culbute et prend ſon vol terre à terre. Je n'aime point à monter ſur des échaſſes, de peur d'être obligé d'en faire des béquilles.

LE COMPÈRE

Oh! oh! Monſieur Polichinel! vous commencez à dire du bon.

POLICHINEL

Je ſuis donc plus avancé que toi, car je ne t'ai pas encore pu faire le même compliment.

LE COMPÈRE

Eh! donc? tu joues auſſi à l'épigramme? allons, allons, voyons ta tragédie, je pourrai avoir ma revanche.

POLICHINEL

Pourquoi non? l'on voit bien des roquets

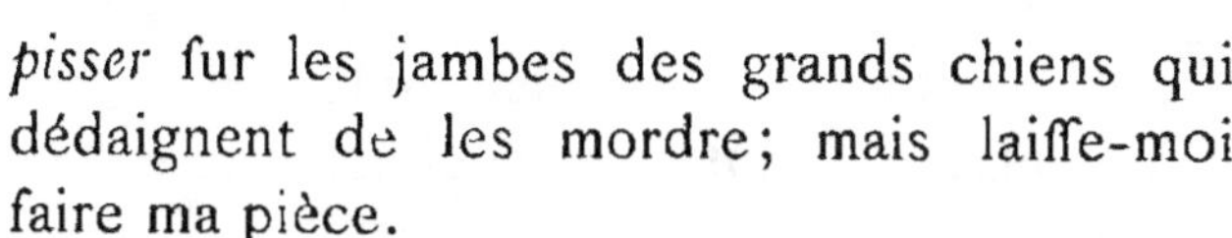

pisser fur les jambes des grands chiens qui dédaignent de les mordre; mais laiffe-moi faire ma pièce.

LE COMPÈRE

Dis-moi donc, Polichinel, eft-elle bien avancée ?

POLICHINEL

Pas mal, compère, j'en ai fait une bonne partie, je travaille *au refte. (Jeu de mots ou équivoque d'Orefte, dernière tragédie de Voltaire qu'il critique ici.)*

LE COMPÈRE

Au refte! et ce refte fera-t-il long ?

POLICHINEL

Non: j'en ai déjà quatre actes qui viennent de bon lieu; mais le cinquième, c'eft le diable..., j'efpère pourtant en venir à bout.

LE COMPÈRE

Courage donc, je vais te laiffer faire.

POLICHINEL *(fe promenant)*

Oui...., nenni...., fi fait.... point du tout.

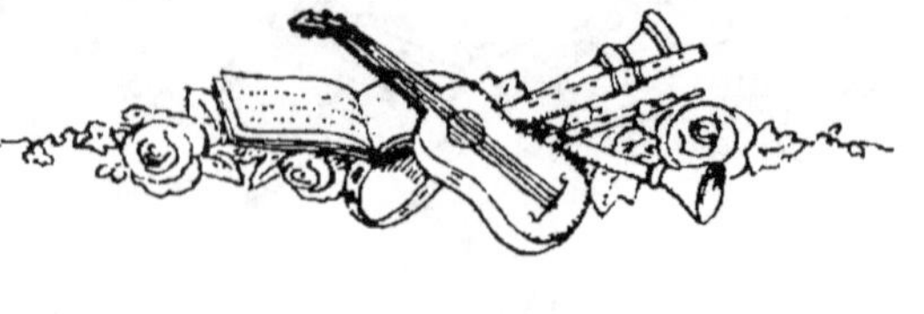

c'eſt cela…. au contraire j'y ſuis… je le tiens…
le voici, compère, écoute mon cinquième acte.

LE COMPÈRE

J'écoute, mon garçon.

POLICHINEL

Il ſera du bruit, compère.

LE COMPÈRE

On l'entendra.

POLICHINEL

Il ſera de mon propre fonds, au moins.

LE COMPÈRE

Je le crois.

POLICHINEL

Aide-moi un peu, compère.

LE COMPÈRE

A quoi veux-tu que je t'aide ?

POLICHINEL

A faire ſortir…., haie…., haie…., haie…..
(Il fait un gros pet.)
Compère, celui-là prendra ſûrement.

LE COMPÈRE

Au nez, vilain que tu es ; mais voyez donc ce Poüacre, il mériteroit bien correction...

POLICHINEL

Mes corrections font prêtes, et je peux bien réfoudre cet acte-là, compère ; mais je ne préfume pas de le faire plus vigoureux. Cependant, fi tu le veux autrement, il faut te fatisfaire. *(Il fait un pet différent du premier.)*

Tiens, le voilà corrigé.... tire... ton.... fifflet.

LE COMPÈRE

Tire toi-même, infolent. *(Il bat Polichinel.)*

SCÈNE II

UN HUSSARD[*] *ou Suisse qui arrive ;* LES ACTEURS PRÉCÉDENS

LE HUSSARD

Qu'eſt-ce donc que j'entends-là ?

[*] Allufion à un exempt de police au fujet d'Orefte.

LE COMPÈRE

Monſieur, c'eſt cet impertinent de Polichinel qui nous fait des ſottiſes, au lieu d'une tragédie qu'il avoit promiſe.

LE HUSSARD

Oh ! oh !

POLICHINEL

Monſieur, le compère n'a entendu qu'un acte, ſi vous voulez entendre tout, vous jugerez de la pièce.

LE HUSSARD

Volontiers.

POLICHINEL *(petic et dit)*

1ᵉʳ acte.	Voilà qui eſt *misérable.*		
2ᵉ acte.	— — *détestable.*		
3ᵉ acte.	— — *exécrable.*		
4ᵉ acte.	— — *abominable.*		

Le compère à chaque pet.

POLICHINEL

Compère, ſi tu ne trouves pas cela bon, n'en dégoûte pas les autres, et n'interromps

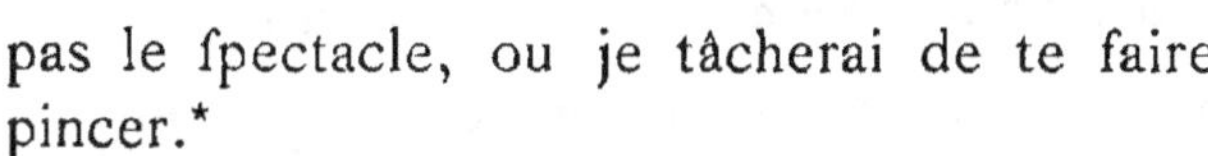

pas le fpectacle, ou je tâcherai de te faire pincer.*

LE COMPÈRE

Toi ?

POLICHINEL

Oui, moi ; mais j'achève pour Monfieur. Je dis donc *(il pette)* 5ᵉ et dernier acte... *(Il fuit en riant.)* Je vais me repofer.

LE COMPÈRE

Tu fais bien de décamper, Monfieur le puant, mais je t'empêcherai bien auffi, moi, de repréfenter cette belle pièce-là.

POLICHINEL *(qui reparoit)*

Compère, elle eft lâchée, je ne faurois la retirer. *(Il difparoit.)*

LE COMPÈRE

J'en parlerai à nos maîtres, et tu pourras bien être ramaffé.

* Allufion aux mouvemens que fe donna Voltaire pour faire arrêter ceux qui fifflèrent Orefle, et aux deux cabales du parterre qui approuvoient ou critiquoient cette pièce à toute outrance.

POLICHINEL *(s'en allant et montrant le cul)*

Va, va, nos maîtres ne viendront pas mettre là leur nez.

LE HUSSARD

Monſieur le compère, ce petit coquin-là eſt un fripon, un voleur, un plagiaire dans ſa pièce ; j'en reconnois une de ma façon, et ſi bien que je vais vous la répéter.

LE COMPÈRE

Pourvu, Monſieur, que ce ſoit dans un autre ſtyle, je vous prêterai l'oreille.

LE HUSSARD

Monſieur, dans notre profeſſion, chacun a ſon langage, mais un peu plus haut, un peu plus bas, on a bien de la peine à ne pas reſſembler. Écoutez. *(Il fait cinq pets gradués par force.)* Eh ! bien, m'entendez-vous ? cela eſt-il ſonore ? mon dénouement eſt-il bien amené ?

   (Quelqu'un bat des mains et crie :)
L'auteur ! l'auteur !

LE COMPÈRE

Le public a bien de la bonté.

LE HUSSARD

Oh! Meſſieurs, *(Il montre ſon cul)* le voici.
C'eſt le véritable. Qu'en dîtes-vous?

LE COMPÈRE

Je dis, Monſieur le cochon, que vous alliez
à tous les diables avec vos pareils.

LE HUSSARD

Tenez, mon ami, pour vous prouver davantage que je ne parle pas ſans fondement, je
vous laiſſe *(il chie)* de la matière originale;
copie au net... au net... et collationnée... ouf!

LE COMPÈRE

En voici bien d'une autre! *(Il le frappe.)*
Voulez-vous bien vous aller faire torcher
ailleurs.

LE HUSSARD

Doucement: ne me maltraitez pas ou craignez mes *fureurs*, on y eſt ſujet dans notre
famille. *(Il fait des geſtes de fureur, et ſe démène en
murmurant une eſpèce de déclamation, et s'en va)*

LE COMPÈRE

Partez, partez. Grâces au Ciel, nous en
ſommes quittes.

Aux spectateurs

Meffieurs, pour ôter de votre idée toutes ces ordures, l'on va vous donner un petit pas de deux, exécuté par un bon et un méchant diables, tous deux échappés de l'Opéra et traveftis, l'un en meunier, l'autre en charbonnier, pour paffer en Italie.

POLICHINEL *(revenant et ayant écouté)*

Oui, Meffieurs, c'eft une bagatelle qu'on vous préfente, comme pour vous curer-les dents.

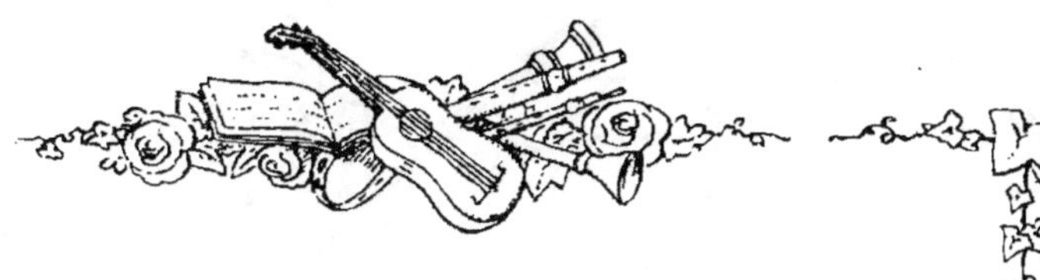

TABLE DES MATIÈRES

—

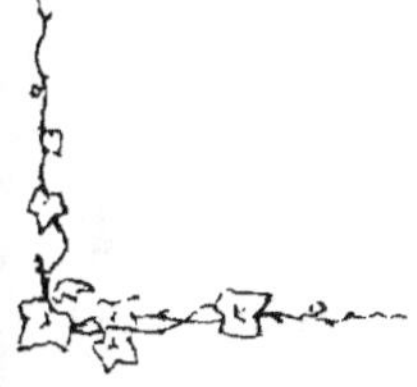